Helge Timmerberg
Im Palast der gläsernen Schwäne

Was von Hunter S. Thompson zu
lesen, wäre besser gewesen.
Glaube ich.

Zu diesem Buch

Mit Helge Timmerberg auf Reisen zu gehen ist immer wieder ein Hochgenuss. Die Geschichten seiner Abenteuer und Erlebnisse lesen sich, als wäre man selbst mit ihm vor Ort. Man kann die fremden Länder geradezu sehen, spüren, riechen. Mittlerweile hat Timmerberg fünf Kontinente bereist, in Havanna und Marokko gelebt, so ziemlich alle Drogen ausprobiert und daneben auch eine Ehe. In diesem Buch – einem seiner ersten – lässt er seine Leser teilhaben an einem Jugendtraum. Mit 17 beschloss er, nach Indien zu trampen – mit 800 Mark in der Tasche, die genau bis Istanbul reichten. Als er es schließlich in das Land seiner Sehnsucht schaffte, erlebte er dort eine Offenbarung.
Klarsichtig und mit Humor erzählt Helge Timmerberg in diesem frühen Werk von Indiens Faszination und den Abenteuern der Achtzigerjahre.

Helge Timmerberg, 1952 im hessischen Dorfitter geboren, lebt in St. Gallen, Marrakesch und Wien. Mit siebzehn reiste er zum ersten Mal nach Indien. Dort beschloss er, Journalist zu werden; seitdem schreibt er Bücher und Reisereportagen aus aller Welt, u. a. für Stern und Die Zeit. Zuletzt erschien bei Piper sein Buch »Die rote Olivetti«.

»Helge Timmerberg ist der tollste, schrillste, unterhaltsamste und dabei weiseste deutsche Reiseschriftsteller.« Frankfurter Rundschau

Helge Timmerberg

IM PALAST DER GLÄSERNEN SCHWÄNE

Mit dem Fahrrad durch Indiens Süden

Mit zehn farbigen Fotos

PIPER
München Berlin Zürich

Mehr über unsere Autoren und Bücher:
www.piper.de

Von Helge Timmerberg liegen im Piper Verlag/Malik/National Geografic vor:
Die rote Olivetti
Im Palast der gläsernen Schwäne
Die Märchentante, der Sultan, mein Harem und ich

MIX
Papier aus verantwortungsvollen Quellen
FSC® C083411

Ungekürzte Taschenbuchausgabe
April 2016
© Piper Verlag GmbH, München/Berlin 2014,
erschienen im Verlagsprogramm Malik National Geographic
Erstausgabe: Rowohlt Taschenbuch Verlag GmbH, Reinbek bei Hamburg, 1985
Umschlaggestaltung: Birgit Kohlhaas
Umschlagabbildung: Steven Miric/Getty Images
Fotos im Bildteil: Helge Timmerberg, bis auf Tafel 2 und 7: Mirta Navas
Satz: Fotosatz Amann, Memmingen
Gesetzt aus der QuadraatPro
Litho: Lorenz & Zeller, Inning am Ammersee
Druck und Bindung: CPI books GmbH, Leck
Printed in Germany   ISBN 978-3-492-30891-5

Vorwort 7

Begegnung einer sehr alten Art 9

Abfahrt

Intercity München 17
Syrian Arab Airlines 22
Bombay 34
Auf dem Boot 44

Ankunft

Tagebuch in Goa 57
Auf dem Rad 85
Coondapoor 107
Der heilige Berg 134

Ziel

Ragas 179
Rama Krishna Hotel 182
History Movie 199
Der Palast der gläsernen Schwäne 209

Die Tatsache, daß ich unentbehrlich bin,
wird bewiesen durch die Tatsache,
daß ich bin.

Tagore

VORWORT

Vorsicht: Ich habe dieses Buch vor dreißig Jahren geschrieben. Heute sieht vieles in Indien anders aus. Heute könnte ich niemandem, außer meinen Feinden, guten Gewissens eine monatelange Fahrradreise auf der Bundesstraße von Goa nach Karnataka empfehlen, denn es gibt in Indien inzwischen zehnmal mehr Autos als damals, aber nicht zehnmal mehr Straßen. Die Hotels, die ich nenne, existieren entweder nicht mehr oder in einem noch fortgeschritteneren Stadium des Verfalls als seinerzeit. Die Preise sind gestiegen, die Städte gewachsen, und im Flugzeug rauchen darf heute auch niemand mehr. Indien hat sich verändert, und ich habe mich verändert.

Und damit bin ich beim zweiten Thema dieses Vorworts. Vorsicht: Ich schreibe heute anders als vor drei Jahrzehnten. Das ist unvermeidlich; jeder wird besser mit den Jahren. Trotzdem hörte ich immer wieder Leser nach dem »Palast der gläsernen Schwäne« fragen. Wo gibt es das Buch, wo kann man es kaufen? Ich konnte dann immer nur dasselbe antworten: »Ich weiß es nicht. Es ist Mitte der Achtzigerjahre erschienen, wurde Anfang der Neunziger verramscht und ist seitdem vom Markt verschwunden. Ich habe selbst keins mehr.«

Damit ist es jetzt vorbei. »Im Palast der gläsernen Schwäne« ist wieder zu haben, und ich freue mich darüber wie über die Rückkehr eines verlorenen Kindes.

Helge Timmerberg
St. Gallen, 28. Februar 2014

Begegnung einer sehr alten Art

Irgendwo zwischen Mangalore und Calicut
12 Grad Nord – 75 Grad Ost
Mittags zwischen 13.30 Uhr und 14.30 Uhr (indische Ortszeit)

An diesem Tag hatten wir Glück. Wir rollten gerade von einem Berg in eine scharfgezogene Kurve hinein, da sahen wir etwas abseits von der Straße einen kleinen Tempel. Wir stiegen auf die Bremsen, versteckten die Fahrräder im Gebüsch und öffneten die Pforte.

Der Hof des Tempels war knapp zehn Meter breit und vielleicht fünfzehn Meter lang. Eine mannshohe Lehmmauer grenzte die Anlage ab, und der Schatten dieser Mauer war gerade groß genug für unsere Bastmatten.

Der Tempel selbst schien nicht mehr benutzt zu sein. Es war ein leeres Gebäude, von der Größe eines Kuhstalls, und auf dem Dach wuchs Gras. Es sah eigentlich mehr aus wie ein frühgeschichtliches Hügelgrab.

Mirta legte sich schlafen, ich wollte meditieren. Mein Kopf war voller Gedanken, voller Fragen. Ich schleppte diese Fragen bereits seit einigen Tagen mit mir herum wie einen Sack mit lange nicht mehr gewaschener Unterwäsche. Praktische Fragen, nutzlose Fragen. Fragen zu der Beziehung zwischen Mirta und mir. Fragen zum Sinn der Reise. Fragen zum Stand der Dinge. In der Regel nehme ich solche Fragen ernst und bemühe mich, sie zu beantworten. Dann bin ich wie der Jäger, der der Fährte eines Tieres folgt. Aber in diesen Mittagsstunden, im Schatten dieser Mauer, war es plötzlich ganz anders. Die Antworten kamen fast schneller als die Fragen. Ich brauchte das Problem nur kurz in Gedanken zu formulieren, da war es auch schon geklärt. Fünf- oder sechsmal ging das so, Frage – Antwort, Frage – Antwort, dann kam mir der Verdacht, daß nicht ich es war, der die Knoten entwirrte, sondern jemand anders. Jemand, der mehr wußte als ich.

In der Regel bin ich Journalist. Ein ausgeklinkter, das gebe ich zu, doch einer, der skeptisch und zynisch genug gewesen ist, um lange Jahre für den *Stern* arbeiten zu können. Außerdem habe ich in meiner Jugend zu viel LSD geschluckt und später zu viel Joga getrieben, um jetzt noch irgendeinen mystischen Wahn ernst nehmen zu können, und es gibt Leute, die meinen, ich hätte mir dabei zuviel abgeschminkt. Aber dieses Gespräch hier erschien mir zu wertvoll, und ich wollte es nicht durch zwanghafte Distanz abbrechen, egal, wer oder was es war, mit dem ich mich unterhielt. Ich machte weiter, und mein unsichtbarer Gesprächspartner wurde immer präsenter, die Antworten kamen noch selbstverständlicher.

Ich fragte: »Ist das hier der Palast, den ich suche. Der Palast der gläsernen Schwäne?«

»*Nein, das ist ein verlassener Tempel. Nur selten kommt jemand, der mit mir spricht.*«

»Das tut mir leid. Brauchst du das? Brauchst du Menschen, die dir zuhören?«

»*Ja, ich erzähle gerne.*«

»Dann erzähl mir was.«

»*Schließe die Augen.*«

Ich schloß die Augen, und er legte los. Seine Sprache war das Licht, und seine Bilder waren Sternennebel, die mit irrsinniger Geschwindigkeit durch den Raum rasten. Ich konnte es nicht lange aushalten und öffnete schnell wieder meine Augen. Dann kam die letzte Frage, und ich hatte Hemmungen oder sogar etwas Angst, sie zu stellen.

»Wer bist du?«

»*Ich bin ein Lichtwesen. Es gibt viele von uns hier. Man nennt uns Aditjas, die ›Erstseienden‹.*«

Das reichte. Ich schlug Mirta vor weiterzufahren, und sie war einverstanden. Als wir mit den Rädern wieder auf der Straße standen, bemerkte ich, daß ich vergessen hatte, die Pforte zum Tempelhof zu schließen.

Ich ging zurück, schloß sie und verabschiedete mich mit Ehrfurcht und Dankbarkeit für das Geburtstagsgeschenk, denn auch das hatte ich vergessen. Es war der 13. Februar 1984, und ich wurde zweiunddreißig.

Abfahrt

INTERCITY MÜNCHEN

Wir saßen im »rosaroten« Intercity nach München. Mirta las das »Hamburger Abendblatt«. Im Hotel Plaza hatte es gebrannt. Wir sahen Fotos von Herren, die im Pyjama vor dem Feuer flüchteten. Ich hörte gerade Vivaldi. Vor dem Fenster zog der Herbst vorbei. Grau war der, ganz grau. Aber ich genoß diese Stimmung, wie ich auch begann, die klassische Musik zu genießen.

In diesem Augenblick kam jemand ins Abteil. Eine jugoslawische Angestellte der DSG mit Kaffee und Brötchen. »Zwei Kaffee«, sagte ich und stand auf, um an das Kleingeld zu kommen. Das war sehr ungeschickt. Der Sony F2 fiel mir vom Schoß und knallte auf den Boden. Von da an schnarrte er in den hohen Frequenzbereichen, vor allem bei den Gitarrensoli von Carlos Santana, und auch Terje Rypdal wurde ungenießbar. Kaputt. Ich wurde ziemlich wütend. Mirta fand das nicht weiter schlimm, sie habe sowieso ein komisches Gefühl bei dem Gedanken gehabt, in Indien mit Kopfhörern herumzulaufen.

Irgendwie gerieten wir von diesem Thema zu der Frage, warum die Kulturen so unterschiedlich sind. Warum wir in Europa so reich und die in der Dritten Welt so bettelarm sind.

»Wir fahren hier in einem Zug«, sagte Mirta, »von dem können die Leute in Südamerika nur träumen. Wir haben ein tolles Abteil ganz für uns. Gepolsterte Sitze, Kopfstützen, Panoramascheiben, Heizung. Das ist doch ungerecht.«

»Ich weiß nicht, ob es ungerecht ist. Laß die Moral mal aus dem Spiel. Ich glaube eher, daß es Entwicklungen sind. Luxus ist in diesem Fall eine Folge der Technik, und Technik hat mit Intelligenz zu tun.«

Ich zündete mir eine Zigarette an.

»Irgendwo habe ich mal gelesen, daß die Intelligenz gewandert ist. Von Osten nach Westen. Ich finde, da ist was dran. Denk mal an das alte China. Die hatten schon das Schwarzpulver erfunden, in einer Zeit, als man in Europa noch am Feuerstein rubbelte.«

»Stimmt. Aber sie haben damit niemanden erschossen, sondern Feuerwerke gezaubert.«

»Vielleicht. Wichtig ist, daß die Hochkultur der Chinesen eine Kultur der Intelligenz gewesen ist, und das ist ewig her. Dann begann die Intelligenz zu wandern. Immer weiter nach Westen. Rußland! Denk an Dostojewski. Der Typ hat lange vor Freud die Essenz der Psychologie beschrieben. Die anderen Europäer, vornehmlich die Franzosen, warfen den Russen gerne vor, sie seien dekadent. Ich glaube, daß intelligente Menschen gezwungen sind, dekadent zu werden. Es ist so eine Art Übergang. Du kannst, wenn du ins Denken kommst, in das radikale Denken, meine ich, keine Denkverbote mehr akzeptieren. Moral, Sitte, ethische Werte, das sind Denkverbote. Du überschreitest die Grenzen, und plötzlich weißt du nicht mehr, wo du bist. Die Werte haben sich aufgelöst, die Dinge kehren sich um. Schuld und Sühne, was ist das? Gut ist lächerlich, böse wird interessant. Oder besser, böse sein heißt ehrlich sein ... So ist das mit der Intelligenz. Sie macht dich frei, sie macht dich schutzlos, sie macht dich zum Säufer, und dann wandert sie weiter. In China verfielen sie dem Opium, in Rußland dem Alkohol, in Deutschland der Macht. Eine Zeitlang war Deutschland die Heimat der Intelligenz. Dichter und Denker, Aufklärer, Lessing, Schiller, Nietzsche, was weiß ich ...

Wohin wanderte dann die Intelligenz? Nach Amerika. Die Amerikaner sind ausgewanderte Europäer, die einen großen Vorteil nutzten. Sie kümmerten sich nicht mehr um Landesgrenzen, Sprachen und nationale Dünkel. Italiener, Deutsche,

Engländer, Spanier, Franzosen, Schweden taten sich zusammen, warfen ihre Fähigkeiten, ihr Wissen und ihre Kraft in einen Topf, und heraus kamen die Vereinigten Staaten von Amerika. Die Supermacht. Die Amis hinderten die Intelligenz nicht, sich zu entfalten. Sie erfanden den Profi. Egal, woher er kam, egal, was er dachte, egal, wie er sich kleidete. Hauptsache, er versteht sein Geschäft ...«

»Also, das geht zu weit. Was ist mit den Schwarzen, und was ist mit den Indianern? Gehört das etwa auch mit zu der Aufhebung von Denkverboten, daß man die Minderheiten abschlachten darf?«

»Natürlich nicht. Das gehört zu der Überheblichkeit von weißen Arschlöchern. Darum blieb die Intelligenz auch nicht lange bei den Nordamerikanern. Sie wanderte weiter. Immer westwärts. Kalifornien, meine Liebe, das Land, in dem die Computer geboren wurden, die Weltraumtechnik, das LSD.«

»Das LSD ist in der Schweiz gefunden worden, und der Vater der Raumfahrt war ein Deutscher, und der Erfinder der Atombombe hieß Einstein.«

»Die Ideen kamen weiterhin aus Europa, aber sie zu verwirklichen war Sache des Westens. In Kalifornien haben sie Denkfabriken, wußtest du das? Firmen, in denen Leute sitzen, die nur denken. Problemlösungen. Wo gibt es das in Deutschland? Ja, und jetzt stehen die fortschrittlichsten Kalifornier am Strand und schauen über den Ozean wieder nach Westen. Westen ist, von Kalifornien aus gesehen, Japan. In Japan geht heute die Post ab. Unser Walkman ist ein phantastisches Beispiel dafür. Ich habe gehört, daß Collani nach Japan gegangen ist.«

»Wer ist Collani?«

»Ein deutscher Designer. Der hatte 'ne Wasserburg in Westfalen und schuf die ausgeklinktesten Badewannen und Toilettendeckel. Er hat auch Autokarosserien entworfen, aber niemand wollte sie in Deutschland bauen. In Japan, hat er gesagt, in Japan hätten sie Interesse an ihm. Die kleinen Japaner sind einfach cleverer. Eine Menge Kalifornier blicken heute rüber nach Japan, und damit ist der Kreis geschlossen. Die Intelligenz hat einmal die Erde umrundet und ist wieder im Osten angekommen.«

Ich liebe diese Art von Geschwätz.

Natürlich wanderte die Intelligenz nicht ganz so forsch von Osten nach Westen, ruck, zuck, wie ein Heer preußischer Gerichtsvollzieher. Sie machte Schlenker, die Intelligenz, mediterrane Umwege sozusagen, bevor sie nach Rußland einzog. Man darf da auf keinen Fall die persische Hochkultur vergessen, der wir eine unnachahmliche Architektur und eine ausgefeilte Mathematik verdanken, und auch nicht die griechischen Philosophen um Plato und Sokrates. Und was, beispielsweise, ist mit den Ägyptern?

Als ich in Kairo war, und das ist gerade mal ein Jahr her, fuhr ich nachts mit einem arabischen Freund zu den Pyramiden raus. Sein Wagen war eine Rostlaube und klapperte beängstigend. Irgendwo auf dem Weg zu den Pyramiden ging die Straße steil bergab. Sechs oder gar neun Prozent Gefälle. »Jetzt paß mal auf«, sagte Ramadan zu mir, »jetzt zeige ich dir was, *das Wunder von Kairo.*« Er bremste den Schlitten ab, brachte ihn zum Stillstand, stellte den Motor aus und nahm den Fuß von der Bremse. Ob man es glauben will oder nicht: Der Wagen rollte ohne Motorkraft rückwärts wieder den Berg hinauf. Ein kurzes Stück nur, aber immerhin. Ramadan meinte damals, das habe was mit magnetischen Strömungen zu tun, und das wiederum hänge mit den Pyramiden zusammen. Wohin also mit Ägyptern in meiner Theorie? Und was ist mit Atlantis, und was ist mit dem Reich, das ein Zeitalter vor Atlantis untergegangen ist? Mein Astrologe hat mir davon berichtet. Die letzten Nachkommen dieser voratlantischen Zeit sollen noch heute in Südindien leben. Südindien sei die Heimat der Magier. »Wenn du Don Juan treffen willst«, hatte mein Astrologe gesagt, »dann fahr da hin.«

Wir erreichten München gegen Mitternacht.

Mit der S-Bahn fuhren wir weiter zu Dr. O., einem befreundeten Journalisten, mit dem ich drei lange Monate eines der schlechtesten Magazine im deutschsprachigen Raum gemacht habe. Unser Verleger war ein gewisser Möllemann, FDP-Mitglied und ehemaliger Staatsminister im Auswärtigen Amt. Er schuldet mir heute noch 5000 DM.

O. pennte bereits, als wir vor seiner Wohnung standen. Aber der Schlüssel lag unter der Matte. Er hatte uns im Wohnzimmer ein Bett gerichtet und neben das Kopfkissen einen kleinen Joint gelegt. Zum Abschied. Ich verzichtete auf den Turn und schlief ein.

SYRIAN ARAB AIRLINES

Die Syrian Arab Airlines sind eine Fluggesellschaft mit höchst zweifelhaftem Ruf. Sie sind unter Travellern dafür bekannt, jede nur erdenkliche Chance für eine Verspätung zu nutzen. Trotzdem beharren die Araber entschieden darauf, daß zwei Stunden vor Abflug (dem theoretischen) eingecheckt wird, und das bedeutet, daß man mindestens fünf Stunden im Warteraum des Flughafens verbringt und sich immer neue Gerüchte über die Ankunft des verspäteten Jumbos mit anhören muß. Eine gute Gelegenheit, erste Kontakte unter Reisenden zu knüpfen.

Ich kam mit einem Inder ins Gespräch, einem jungen Psychologen, der sechs Monate eine Gastprofessur in Wien innehatte und nun zurück in die Heimat wollte. Man erwartete ihn in Bangalore, in einer großen modernen psychiatrischen Anstalt. Ich habe später einmal diese Anstalt besucht, und ich schwöre, daß deren Patienten sich in nichts von den normalen Indern unterschieden, die ich sonst da auf den Straßen getroffen habe. Indien, das sollte mir schon sehr bald klarwerden, ist ein subkontinentales Irrenhaus, und ich verstehe bis heute nicht, warum man ein paar hundert Inder in eine Anstalt sperrt und die restlichen 700 Millionen für geschäftsfähig erklärt. Haben Sie schon einmal mit Indern Geschäfte gemacht? Das ist fast so schlimm wie mit den Syrian Arab Airlines zu fliegen, die im übrigen nach zwei Stunden Wartezeit wissen ließ, man sei soeben aus London abgeflogen.

Der Doktor beschrieb dann seine Aufgaben, die ihn in Bangalore erwarteten, wie folgt. Er habe es mit Patienten zu tun, jungen Männern in der Regel, die des Nachts ihre Samen ergössen. Nicht etwa freiwillig und nicht in die von Gott dafür geschaffene Damenwelt, nein, im Schlaf komme es ihnen, und zwar direkt ins Bettlaken, sofern Bettlaken vorhanden seien.

Nun behauptet aber der indische Volksmund, daß ein Mann bei einem dergestalteten Samenerguß exakt soviel Kraft verliert wie durch den Verlust von einem Liter Blut. Diese Männer fühlen sich dann den gesamten darauffolgenden Tag zu keiner ordentlichen Tätigkeit mehr fähig, und wenn ihnen dieses Mißgeschick Nacht für Nacht geschieht, dann verlieren sie mit dem Saft alle Kraft, siechen blutleer dahin und schämen sich bis ans Ende ihrer Tage. Ich sagte dem Doktor, daß mich diese Geschichte an die Onanietheorie der katholischen Kirche erinnere, und ich fragte ihn, wie er denn nun diese Patienten zu heilen gedenke. »Wir sagen ihnen«, antwortete der Doktor, »daß das alles nicht stimmt.«

Dann wollte er wissen, was ich in Indien suchte.

Die Wahrheit!? Ich konnte ihn beruhigen. Ich sei lediglich unterwegs zum *Palast der gläsernen Schwäne*, wenn er verstehe, was ich meinte. Nein, er verstand nicht. Auch gut. Der *Palast der gläsernen Schwäne*, so klärte ich den Doktor auf, sei ein Tarotbild, das mir mein Astrologe vor der Reise geworfen habe.

»Kennen Sie Tarot?«

Der Doktor verneinte.

»Tarot ist ein Kartenorakel. Die Zigeuner haben es von Indien nach Europa gebracht. Wissen Sie, viel kann ich darüber nicht sagen, aber es macht Spaß, die Karten zu legen, vor allem, wenn einem dabei ein über alle Zweifel erhabener Experte, wie mein Hausastrologe und Leibmagier Gandhi es ist, assistiert.«

Bei dem Namen Gandhi horchte der Inder auf. Nein. Ich redete nicht von seinem Gandhi, sondern von meinem. Meiner heißt bürgerlich Ulrich Hennings, und Gandhi ist nur sein Spitzname.

»Ich habe mir nie viel aus Horoskopen gemacht«, sagte ich zu dem Doktor. »Aber Gandhis Horoskope sind erstaunlich.

Ein Freund hat mir eines zum Geburtstag erstellen lassen. Es hat mich ganz schön umgehauen. Meine Geburt wurde darin beschrieben. Sie müssen wissen, daß meine Mutter dabei fast gestorben wäre, und Gandhi hat das konkret beschrieben. Dann hat er Aussagen über mein Aussehen gemacht. Sie stimmten bis ins Detail. Gandhi kannte mich damals noch nicht, er hatte mich nie gesehen. Ja, und weil das stimmte, vertraute ich auch den Aussagen, die er über meine Zukunft machte. Die Entwicklung meiner Persönlichkeit und all diese Dinge. Finden Sie das albern?«

Der Doktor fand das ganz und gar nicht albern. Es schien ihn im Gegenteil brennend zu interessieren.

»Erzählen Sie mehr davon«, sagte der Irrenarzt. »Ich höre Ihnen gerne zu.«

»Also, das kann ich Ihnen jetzt nicht einfach so darlegen. Wirklich, das kriege ich nicht auf die Reihe. Ich kann nur sagen, daß die Art und Weise, wie Gandhi die Informationen der Sterne deutet und in Zusammenhänge setzt, mich fasziniert. Nein, Faszination ist nicht das richtige Wort. Es ist eine Bestätigung, oder besser, eine Verstärkung meiner eigenen Gedanken. Gandhis Horoskop hatte dieselbe Atmosphäre wie das I Ging.«

»I was?«

»Haben Sie noch nie vom I Ging gehört? I Ging: die Essenz der chinesischen Philosophie. Wenn ich Ihnen das auch noch erklären soll! Aber wir sind vom Thema abgekommen. Die Tarotkarten, das war es doch. Im vergangenen Jahr versuchte ich nämlich schon einmal nach Indien zu kommen. Allerdings über Land. Kreta (das ist eine griechische Insel), Kairo, Sudan, Kenia und dann mit dem Schiff nach Bombay. Also, ich bin in Kairo hängengeblieben, aber das tut jetzt nichts zur Sache. Jedenfalls hat Gandhi mir vorher die Karten gelegt, und das Tarot sprach davon, daß ich den fünfeckigen Kristall finden werde. Ein Glückszeichen. Und ich habe ihn gefunden, den Kristall.«

Ich verschwieg allerdings dem Doktor, daß es sich bei dem erwähnten Kleinod um ein sechzehnjähriges Mädchen gehandelt hatte, und erzählte ihm dann von dem neuen, für diese Reise gelegten Tarot. Erzählte ihm, daß das Orakel nun von einem *Palast der gläsernen Schwäne* sprach und daß dieses Bild mich stark berührte. »Hier, sehen Sie«, sagte ich und zeigte dem Doktor mein Halsband mit dem silbernen Schwan. »Er hat mir Glück gebracht, seitdem ich ihn trage. *Hamsa*, das ist doch das Sanskrit-Wort für *Schwan*. Sie wissen doch, was *hamsa* bedeutet.«

»*Hamsa*«, murmelte der Doktor. »*Hamsa* ... Das alles interessiert mich sehr. Es gibt da in der Nähe von Bangalore einen Guru, der kann aus seinen Händen Asche materialisieren. Soviel er will.«

»Was denn? Nur Asche!«

»Nein, nein. Auch andere Dinge. Er geht auf seine Schüler zu, hebt die Hand, und jeder sieht, daß sie leer ist. Und plötzlich ist ein goldener Ring in der Hand, und er sagt: ›*For you my darling* ...‹ Ich wollte diesen Mann schon lange besuchen. Vielleicht können wir zusammen hingehen.«

Nein, dachte ich, ganz bestimmt nicht.

»Wissen Sie, was ich jetzt mache«, sagte ich, »ich schmeiße meine Stiefel weg.« Wirklich, ich zog meine Stiefel aus und warf sie in den nächsten Abfalleimer. Es waren Frye-Stiefel, bestes amerikanisches Büffelleder. Weich, anschmiegsam und nicht kaputtzukriegen. Ich hatte sie vor vier Jahren erstanden, als ich nach Hamburg zog. Tag für Tag hatte ich sie getragen. Ich war der »Camel-ohne-Cowboy« auf dem Kiez, der Freund der Kabarett-Portiers und südamerikanischen Striptease-Tänzerinnen. Jetzt war es genug. Ich warf sie weg. Das war ein symbolischer

Akt. Ich verließ den Westen und holte die Sandalen aus der Reisetasche. Sandalen, an denen unsichtbar der Staub von Kairo klebte, die Träume Arabiens.

Der Doktor staunte nicht schlecht.

Um es kurz zu machen: Der Wüsten-Jumbo kam dann doch noch. Wir hoben ab. Die übliche Reihenfolge von Bildern. Der Vogel zog schräg nach oben, der Flughafen wurde kleiner, auf den Straßen fuhren Spielzeugautos, alles war noch grau und öde, dann kamen Wolken, und plötzlich war der Winter vergessen.

»*Ladies and Gentlemen. Captain Mohammed Bagdadhi and his crew welcomes you on flight LD 750 to Bombay, via Damascus and Abu Dhabi. We will reach Damascus in four hours. We wish you a comfortable flight.*«

Neben uns saßen ein paar arabische Jungs. Dicke Armbanduhren, feine Anzüge, unheimlich nett. Ich sagte: »Salame«, und sofort bot man mir eine Marlboro an. Na, siehst du, dachte ich, du bist wieder der, der du in Kairo gewesen bist. *Kairo.* Ich brauche dieses Wort nur zu denken, und aus den Buchstaben ziehen Nebel aufs Papier. Farben, Stimmen, Gerüche. Reiter im Gegenlicht, enge Gassen voller Schlamm, glühende Holzkohle in den Köpfen der Wasserpfeifen. In Kairo hatte ich zu träumen begonnen. Ich meine, nicht hin und wieder mal 'nen Tagtraum, den man weglutscht wie ein Bonbon, nein. Ich träumte hemmungslos, stundenlang, ganze Tage. Die Träume vermischten sich mit der Realität, und ich ließ es zu.

Ich wollte die Träume, war dankbar, daß sie kamen, und so begannen die Märchen. In Kairo, da habe ich das Reisen überhaupt erst begriffen, habe den Wanderer in mir gefunden. Eine neue Identität war es, fast ein anderes Leben. Ich habe in den Innenhöfen der Moscheen gesessen, im Schatten einer Säule, und habe den Staub auf meinen Füßen gesehen. Ich wurde stolz darauf, ein Wanderer zu sein, und träumte davon weiterzugehen. Immer weiter.

Aber dann kam *Rainer Zufall* und hat mir die Streptokokken angehängt. Viren, die dafür sorgen, daß aus einem Mückenstich ein offenes Bein wird. Ich bekam Löcher am Körper, die waren so groß wie Tennisbälle, und sie eiterten und stanken und wurden immer größer.

Als ich dann nach Deutschland zurückflog, da habe ich mir geschworen, »du haust wieder ab, noch in diesem Jahr, noch in diesem Herbst bist du wieder weg. *Die Reise wird fortgesetzt, du bist noch nicht am Ziel.*«

Das hämmerte ich mir ein, und ich hatte es nicht vergessen, und nun flog ich wieder, 10 000 Fuß über der Erde, und Deutschland verschwand. Die Kälte, die Häuser, die blöden Sprüche der blöden Szene, die langweiligen Diskotheken, das Grauen in der U-Bahn, die Künstlersozial-Versicherung. Der ganze unerträgliche Scheiß eben. »Macht's gut, Leute. Habe die Ehre. Ich zieh mich aus der Affäre.«

Was Mirta dachte, wußte ich nicht so genau. Das rauszukriegen ist sowieso oft sehr schwierig. Immerhin war ihr Tarotbild zur Reise *Die gläserne Kugel*, und das deutete auf *einsames, asketisches Forschen*, wie Gandhi es ausdrückte. Was immer das heißen mag, sie ist ernster als ich. Natürlich ist sie auch jünger. Sieben Jahre insgesamt, was nach dem Koran ein idealer Altersunterschied zwischen Mann und Frau ist. Aber ich schweife ab. Mirta in die Karten zu schauen ist schwer. Sie ist zur Hälfte eine Indianerin. Manchmal sitzt sie da, du schaust ihr in die großen, dunklen Augen und wirst verrückt, weil du weißt, daß da eine Welt vor dir sitzt, die ein Geheimnis hat, und du kriegst dieses Geheimnis nicht raus. Sie ist mit dir zusammen, sie redet mit dir, sie lächelt, ist lieb und sanft, aber trotzdem bin ich ausgeschlossen. Sie geht einen einsamen Weg.

Für Mirta bedeutete dieser Flug etwas anderes als für mich. Sie ist das letzte Mal vor zehn Jahren über den Wolken gewesen. Da verließ sie mit ihrer Mutter und ihrem Bruder und 30 Kilo Handgepäck Argentinien.

Solange ich Mirta kenne, sucht sie ihre Identität. Vierzehn Jahre lebte sie in Argentinien, zehn Jahre in Deutschland. Sie hat zwei Muttersprachen, zwei Heimatländer. In Südamerika liegt ihre Kindheit, in Deutschland wurde sie erwachsen, und nun verließ sie zum ersten Mal wieder Europa. Sie hatte, wie sie mir gestand, ein wenig Angst davor. Für sie war diese Reise nach Indien kein Jet-Set-Spaß, sondern ein Wagnis.

Außerdem ist Mirta eine Romantikerin. Sie saß da oben in dem Araber-Jumbo und malte sich die Landung in Indien aus. Auf einer Wiese glaubte sie zu landen, die voller Blumen ist, und Schmetterlinge flattern umher, und die Menschen tragen Krummsäbel, Turbane und lange Bärte.

Wir gingen zunächst in Damaskus runter. Es waren jene Tage, in denen die Amerikaner auf Kriegsfuß mit den Syrern standen. Einer ihrer Flugzeugträger hatte bereits einen oder zwei syrische Düsenjäger vom Himmel geholt, und in unserem Flieger ging halb im Scherz und halb im Ernst die Frage um, warum es nicht auch mal ein syrischer Jumbo sein könne.

Damaskus, das hat fast so einen schönen Klang wie Bagdad, aber die tausendundeine Nacht sind längst vorbei. Heute sind die Araber die neureichen Ärsche der Welt. Ich spreche nicht von den Ägyptern und den Sudanesen. Die haben kein Öl. Ich spreche von den Saudis, den Kuwaitis, den Syrern und Libyern. Stinkreich gewordene Kameltreiber, gotterbärmlich eingebildet und geradezu maßlos in ihrer Verachtung für alle westlichen Reisenden, die auf ihren protzigen Flughäfen Transitpausen einlegen müssen. Die Jungs vom Zoll, die deine Taschen filzen, die Damen von den Syrian Arab Airlines, die dein Ticket umstempeln, das Flughafenpersonal, das sich um die Organisation des Weiterflugs kümmert, sie alle sehen dich an, als wärst du der letzte Dreck, und du mußt zu ihrem Hochmut auch noch gute Miene machen, sonst hauen sie dich vollends in den Sack. Dabei beweist jeder Zwischenstopp auf arabischen Flughäfen immer wieder nur das eine: absolute Inkompetenz. Die kriegen einfach keinen Transit ohne Verspätungen und Chaos hin, obwohl der Flugverkehr auf den Wüstenpisten nun wirklich keine große Sache ist. Ich möchte diese Leute einmal einen internationalen Flughafen managen sehen. Den von Frankfurt meinetwegen. Nur einen Tag lang. Das Gemetzel ginge in die Liste der historischen Katastrophen ein.

Jedenfalls bekam es der indische Doktor in Damaskus ganz schön mit der Angst zu tun. Sie hatten sein Ticket falsch abgestempelt. Es war ein Return Ticket, und die Araber hatten ihm das Return einfach mit abgerissen und wollten es nachträglich nicht wieder herausrücken. Das bedeutete, daß der Doktor, der in einem halben Jahr nach Europa zurückzukehren gedachte, sich in Indien ein neues Ticket hätte kaufen müssen. Eine Stunde lang versuchte er es friedlich. Mit Erklärungen und gutem Zureden. Aber ich wußte es vorher. *Hier hilft nur brüllen.* Und wirklich, als er zu schreien anhub, gab man ihm den Return-Zettel wieder, und der Doktor konnte erschöpft in einem Stuhl zusammensinken. Nun brauchte er einen Kaffee. Er hatte kein syrisches Geld dabei. Der Kaffeebar interner Wechselkurs aber war dergestalt, daß der Doktor für seinen Kaffee fünf Dollar investieren mußte. Allah möge sie strafen.

Den nächsten Stop genossen wir in Abu Dhabi, irgendwo in den Vereinigten Emiraten. Die Abu Dhabis hatten sich vor Jahren einen wunderbaren, großen, voll funktionstüchtigen Flughafen gebaut. Als aber die werten Nachbarn einen größeren Airport in die Wüste klotzten, mußten die Abus nachziehen.

Sie machten ihren nagelneuen Flughafen wieder dicht und stellten einen noch herrlicheren ein paar Kilometer weiter daneben. *Geld spielt bekanntlich keine Rolle, wenn es aus den Ohren herausfließt.* Das hat zur Folge, daß die Abu Dhabis heute die prachtvollste Transithalle aller internationalen Flughäfen besitzen. Traumhafte islamische Architektur. Rundbögen, Springbrunnen, goldene Koranwindungen auf weißem Marmor. Der Kaffee ist ähnlich preiswert wie in Damaskus. Ich machte mir übrigens die ganze Zeit Gedanken über den kleinen Joint, den ich in der Tasche hatte. Das Abschiedsgeschenk von Dr. O. Was geschieht, wenn die Jungs vom Zoll ihn finden? Fünfzig Peitschenhiebe, Hand ab oder Steinigen? Sie fanden ihn nicht. Ich hatte ihn in eine Packung Camel gesteckt. Ein frisiertes Kamel unter lauter Laumännern fällt nicht auf.

Noch vier Stunden bis Indien.

Gleich nach dem Start, als der Flughafen von Abu Dhabi in der Wüste verschwand wie ein Sandkorn im Auge Allahs, war es wieder soweit. Bei Mirta lockerte sich 'ne Schraube. Das ist ein Produktionsfehler, da kann man gar nichts machen. Von Zeit zu Zeit schnappt sie aus geringstem Anlaß über, und meistens ist es mir nicht einmal vergönnt, die Gründe dafür zu erfahren. Erahnen, das geht wohl noch, oder auf gut Glück erraten. Darüber reden ist nicht drin. In der Regel währen diese Anfälle an die dreißig Minuten, machmal vergeht auch eine Stunde und mehr, bis sie wieder anzusprechen ist.

Dieses Mal war der Grund für ihren Ausflipp allerdings klar ersichtlich. Wir hatten neue Plätze zugewiesen bekommen. Ganz vorn, direkt vor einer Wand, die die erste von der zweiten Klasse trennte. Den Sitz links neben mir nahm nun ein junges Geschöpf aus München ein, das vom Papa drei Wochen Goa zu Weihnachten geschenkt bekommen hatte. Andrea, siebzehn

Jahre jung, gute Figur, intelligentes Gesicht, modern geschnittene Haare. Ich habe in den vergangenen zwei Jahren, seit meinem dreißigsten Geburtstag also, schon häufiger beobachten können, daß die Altersgruppe zwischen sechzehn und achtzehn auf Männer mit Vergangenheit steht. Ein paar Falten im Gesicht, ein paar Geschichten aus dem Schatz des weiten, wilden Lebens und dazu der Hinweis, daß man Journalist sei und nun auch noch Reisebücher zu schreiben gedenke, das allein reicht in vielen Fällen aus, um Brücken zwischen den Generationen zu schlagen. Wir unterhielten uns deshalb ein wenig, und Mirta kam zusehends schlechter drauf.

Das äußerte sich so: Andrea hatte ein Buch dabei, von einem dieser modernen amerikanischen Schriftsteller, die ihr erstes Kapitel damit verschwenden, die Vorzüge ihrer neuen Schreibmaschine zu schildern. Mirta blickte kurz hinein und entschloß sich, es nicht zu lesen. Da nahm ich es in die Hand, aus purer Langeweile, denn bei den Syrian Arab Airlines gibt es natürlich kein Bordkino. »Ach so«, sagte Mirta. »Jetzt willst du es lesen. Ob ich es vielleicht auch lesen will, ist ja uninteressant.«

Ich zeigte mich überrascht. Wahrheitsgemäß erklärte ich, daß sie noch vor wenigen Minuten das Buch gelangweilt zugeklappt habe. Aber ich wußte schon, daß das kein Argument sein konnte. Die Schraube, wie gesagt, ist mit Argumenten nie und nimmer festzudrehen.

»Wer hat gesagt, daß ich nicht lesen will«, fauchte Mirta.
»Das hast du dir selber gesagt, mein Lieber.«
»Also willst du nun lesen oder nicht?« fragte ich, bereit, ihr sofort das Buch zurückzugeben.
»Nein, jetzt nicht mehr!«
»Komm, Mirta, lies doch. Mir ist es wirklich egal.«
»Dir ist ja immer alles egal. Nein, amüsier dich ruhig. Ich bin ja auch viel zu dumm für solche Bücher.«

»Wer, um Gottes willen, hat denn das behauptet?«

Sie antwortete nicht mehr. Sie schaute beleidigt aus dem Fenster. Womit habe ich das verdient, dachte ich. Warum mußte ich diese Person eigentlich mitnehmen? Allein reisen, tun und lassen, was man will, das hat mir doch recht gut gefallen bisher. Eine alte Freundin, Ellen mit Namen, hat mal etwas Treffendes über mich gesagt: »Entweder ist der Vogel auf Reisen oder auf Frauen.« Jetzt bin ich auf beidem zusammen, und das habe ich davon. Aber wie der alte C. G. Jung schon schrieb: »*Mit sich selbst klarzukommen ist das Gesellenstück, aber mit einer Frau fertigzuwerden, das ist das Meisterstück.*«

Mit Andrea ging unter diesen Umständen natürlich auch nichts mehr. Aber darüber war ich eher glücklich, denn Andreas Augen erinnerten mich an meinen *fünfeckigen Kristall*, den ich auf Kreta fand. Ich hatte ihr mein Leben zu Füßen geworfen, meine Reisepläne und mein Reisegeld, und dann war die Kohle weg und auch ein erhebliches Stück Kraft. Nein, vor den Siebzehnjährigen werde ich mich hüten, da kann mir Andrea in die Augen sehen, bis mir die Socken anbrennen. Was rede ich, Socken habe ich gar nicht mehr. Die haben wir mitsamt den Winterjacken und warmen Unterhosen vor dem Münchener Flughafen der Taxifahrerin gegeben, auf daß diese daraus ein Päckchen schnürt und es zu uns nach Hause schickt.

Noch zwei Stunden bis Indien.

Irgendwo, 2000, 3000, vielleicht 4000 Meter über dem Meer, über dem Sand oder über den Wolken war der Jumbo in einen leichten, unruhigen Schlaf gefallen. Die Passagiere pennten, so gut es ging, auf ihren Sitzen, ein paar Zigaretten qualmten, der Autopilot zog den Vogel an seiner elektronischen Lichterschnur durch den unendlich weiten Himmel, dem Frühstück und Bombay entgegen.

Ich hatte einen Traum.

Ich ging mit Freunden in ein großes Haus. Es war aber kein Haus, sondern ein Wald. Das Licht fiel schräg hinein, und in den Sonnenstrahlen spiegelten sich die Bäume wider. Es war so schön, daß ich auf die Knie fiel. Ich konnte es nicht fassen. Dann wurde aus dem Wald eine große Halle, und Kinder kamen. Ich glaube, es waren meine Kinder dabei, und als ich aufwachte und den Traum niederschreiben wollte, gab mir Mirta ihren Kugelschreiber nicht.

Noch eine Stunde bis Indien.

BOMBAY

Wir landeten in Bombay am 21. Dezember 1983 gegen 14 Uhr, das heißt mit nur sensationellen sechs Stunden Verspätung. Wir nahmen uns sofort ein Taxi zum Gateway of India, um ein Ticket für das Boot nach Goa zu kaufen. Das Boot legt jeden Morgen um zehn Uhr ab, und ein Engländer hatte uns schon im Flugzeug geraten, die Fahrkarten einen Tag vorher zu erstehen. Der Engländer reiste zum drittenmal nach Indien. Auf solche Leute soll man hören.

Tatsächlich empfiehlt es sich für Reisende, zu Beginn ihres Indienabenteuers nicht allzu lange in den Großstädten zu verweilen. Wer mit dem Flugzeug kommt, wird immer nur in einer der drei Gigantenstädte runtergehen (Neu-Delhi, Kalkutta, Bombay), und da kann es ihm passieren, daß er untergeht. Ein chaotisches Gewimmel und Getümmel, Lärm, Abgase, Dreck, Hitze und Elend. Alle Dämonen Indiens auf einem Fleck. Das soll nicht heißen, daß diese Riesenstädte keine Reize aufzuweisen haben. Man kann sie entdecken und lieben lernen. Aber dazu bedarf es in der Regel einer ganzen Menge Gespür für die Mentalität der Inder und eines tiefen Verständnisses für ihre leidenschaftliche Liebe zum Chaos. Außerdem sollte man etwas über Preise wissen und über deren Dehnbarkeit, man sollte sich an den Umgang mit Bettlern gewöhnt und die hinter Höflichkeiten verschleierten Seelenabgründe der Taxifahrer studiert haben. Ohne diese Vorbereitungen irgendwo anders im Lande (die mindestens vier Wochen währen sollten), kann ich es niemandem guten Gewissens anraten, länger in den Großstädten zu bleiben. Es gibt genug, die zu Beginn ihrer Reise eine Woche Bombay einplanten und nach dieser Woche Hals über Kopf wieder aus Indien flüchteten. Jeder vernünftige Kenner dieses Landes wird dagegen folgendes empfehlen: Begib dich zuallererst und so schnell wie möglich nach Goa. Diese ehemalige portugiesische Kolonie 600 Kilometer südlich von Bombay ist das Tor, durch das du dich auf die sanfteste Art und Weise nach Indien einschleusen kannst. Goa hat alles, was der durch und durch verstresste Fernreisende braucht, um einigermaßen den Verstand zu verlieren. Kilometerlange Palmenstrände, phantastische Milchshakes, schöne Frauen, umwerfendes Dope und jede Menge Leute, die dir Tips geben, wohin du als nächstes gehen kannst. Natürlich hat Goa auch Gefahren, aber davon später. Es gibt vier Möglichkeiten, von Bombay nach Goa zu gelangen. Mit dem Flugzeug (60 Dollar), mit dem Zug (drei Tage), mit dem Videobus (die Hölle) und mit dem Schiff. Letzteres macht, glaube ich, am meisten Spaß.

Wir teilten uns das Taxi zum Gateway of India mit zwei Münchnern, die ebenfalls in dem Araber-Jumbo gesessen hatten. Christian, ein sympathischer Junge mit langen blonden Haaren, und Jörn.

In der Ausgangshalle des Flughafens befindet sich eine Informationstafel mit den Preisen der gängigen Taxirouten. Dort kauft man auch sein Ticket für das Taxi. Der Kutscher selbst muß dieses Ticket beim Verlassen des Flughafengeländes an die eigens dafür installierten Polizeiposten abgeben, die ihrerseits wiederum die Nummer des Taxis notieren. Das alles nur, weil in der Vergangenheit etliche Reisende schon im Taxi bis aufs Hemd ausgeplündert worden sind. Die Kreativität in diesem von Sikhs beherrschten Dienstleistungsgewerbe ist allerdings beachtlich, und auf die indische Polizei sollte man sich sowieso nicht verlassen.

So fuhren wir los mit den besten Vorsätzen, uns nicht verarschen zu lassen, und das große Schämen begann bereits nach fünf Minuten. Der internationale Flughafen steht etwa 15 Kilometer außerhalb der Stadt. Um in das Zentrum zu gelangen, muß man durch die Slums, die wie ein Gürtel um Bombay liegen. Der Gürtel ist etwa zehn Kilometer breit. Ich bin einmal in Harlem gewesen und glaubte danach, Armut gesehen zu haben. Aber die New Yorker Misere ist nichts gegen das Elend, das einem hier durch die Scheiben des Taxis in die Seele springt. Die Armut Harlems äußerte sich aggressiv, und bei aller Angst, die ich empfand, als ich dort durch die Straßen ging, fühlte ich doch eine Art Erleichterung. Erleichterung darüber, daß sich diese mißhandelten und verarschten Menschen wehren. Wenn die schwarzen Gangs dich bei Tage auf der Straße niedermachen, dich ausrauben oder dich nur zum Spaß massakrieren, dann hat das in meinen Augen irgendwie etwas mit Gerechtigkeit zu tun, oder auch mit Rache. Wer sich rächen kann, der hat noch Kraft und Mut, sein Schicksal in die Hand zu nehmen.

Die Armut der Slums aber, durch die wir in Bombay fuhren, war nicht aggressiv, sondern demütig. Demütig wie ein geschundener und getretener Esel und so anklagend wie ein unschuldiges, schrecklich mißhandeltes Kind. Für Reisende, deren Herz nicht gerade ein Panzer ist, muß diese Tour durch das absolute Elend unbedingt ein Schock sein. Du sitzt da in dem Taxi und hast nichts anderes im Kopf, um wie viele Rupien dich der Taxifahrer bescheißen wird und wie du schnell ein billiges Hotel finden kannst, weil du müde bist und weil die Hitze dich nervt, und du hämmerst dir ein, daß du auf keinen Fall in dieser Stadt Wasser trinken wirst, und du rechnest zum drittenmal den Wechselkurs aus, den sie dir in der Flughafenbank gegeben haben, und draußen, außerhalb deines Taxis, beginnt am Rand der Straße ein Meer von zerlumpten braunen Zelten, Blechbuden und Holzverschlägen. Dann siehst du die Kinder im Dreck liegen und die Wolken schwarzer Fliegen über ihnen, siehst Männer, deren Beine so dünn sind wie deine Handgelenke, und die Frauen spucken Blut. Richtiges rotes Blut. Immer wenn das Taxi halten muß, kommen diese Menschen an dein Fenster. Dann hast du sie ganz nah, die blinden Augen, verkrüppelten Beine, Lepragesgeschwüre, Armstümpfe, die mit Lappen umwickelt sind. Für den Taxifahrer sind es nur die Bettler, und er verscheucht sie, wie man Fliegen und aussätzige Hunde verscheucht.

Es ist unumgänglich, während dieser Fahrt bekommt dein Selbstverständnis, deine satte alternative Identität einen Knacks. Wer bist du überhaupt, daß du so einfach über die Kontinente fliegen kannst? In klimatisierten silbernen Vögeln, in denen aus der Sicht dieser Menschen hier nur *Götter reisen*.

Du kommst aus einer unermeßlich reichen Welt, mein Freund, und (auch dieser Gedanke ist unumgänglich) du trägst Schuld an dem Elend der Armen. Es läßt sich nicht so leicht erklären, vor allem nicht in diesem Wirrwarr von Ekel, Scham und Angst, in dem du steckst, hier in deinem Taxi, mitten in den Slums von Bombay, aber das schlechte Gewissen ist da.

Mein Herausgeber hat mir vor unserem Vertragsabschluß gesagt, daß er eigentlich keine »Anders reisen«-Bücher über die Dritte Welt herausgeben möchte. Tips und Tricks und locker erzählte Abenteuerchen aus den Elendsvierteln dieser Erde, von satten Schreibern für satte Leser geschrieben, das findet mein Herausgeber pervers. Er hat recht, es ist pervers. Aber ich finde es mindestens genauso pervers, in die Länder »anders« zu reisen, die für dieses Elend verantwortlich sind. Nach England zum Beispiel. Die Engländer tragen eine Menge Verantwortung für das Elend Indiens. Oder nach Frankreich, das in Afrika absahnte. Zu den Holländern, die plünderten Indonesien aus. Spanien, ein schönes Reiseland, mit Palästen, die das

Blut der Inkas vergoldet hat. Und dann Amerika, großer Gott, lieber Herausgeber. »Anders reisen: USA« – das ist o. k.? Das ist nicht pervers? Was ist perverser? Die Reise zu den Räubern oder zu den Beraubten? Ich weiß es nicht. Ich weiß nur, daß ich heilfroh gewesen bin, als wir endlich aus dem Slumgürtel herausrollten. Das war alles ein bißchen *too much*.

Doch bevor ich jetzt in der Reisebeschreibung fortfahre, muß ich zu dem Thema Armut in Indien noch etwas Relativierendes sagen. Nicht um abzuwiegeln, sondern aus Fairness gegenüber diesem Land, das von der westlichen Presse eigentlich nur verarscht wird. Was ich zuvor beschrieb, habe ich in Bombay gesehen, und ich weiß, daß ich es auch in Delhi, Kalkutta, Madras und Benares hätte sehen können. In den Riesenstädten eben, aber nur da. Wir sind später über das Land gefahren, Mirta und ich. Mit dem Fahrrad von Dorf zu Dorf, durch vier verschiedene Provinzen. Wir haben auch dort sehr viele arme Menschen getroffen, aber keine, die am Verhungern waren. Auf dem Land, in den weiten Ebenen, am Meer, leben 600 Millionen, von denen die wenigsten Geld besitzen und nicht eine Spur von Luxus. Aber sie haben genug zu essen, sie haben Dächer über ihren Köpfen, und sie haben nicht selten ein Leben, das lebenswerter ist als das der meisten Europäer oder Amerikaner. *Big Mother India* ernährt noch immer ihre Kinder und paßt auf sie auf. Die Großstädte aber sind Paladine des Westens. Sie haben mit Indien wenig zu tun. Darum, lieber Leser, fährst du nach Indien, bleibe nicht zu lange in den Städten.

Die Fahrt durch die Slums dauerte etwa eine Stunde, dann erreichten wir das Zentrum von Bombay. Draußen brodelte nun die lustige Variante des indischen Chaos. Jede Menge Schrottkisten, Esel, Ochsenkarren, allerdings keine Elefanten. Dazwischen Fahrräder, Armeelastwagen, Busse und Menschen. Wahnsinnig viele Menschen. Verkehrsregeln gab es keine, und unser Taxifahrer bereitete offensichtlich etwas vor. Er hielt an jeder Ecke, um sich nach dem Weg zum Gateway of India zu erkundigen. Das war Blödsinn. Die Strecke vom Flughafen zum Gateway of India zählt zu den häufigsten Routen der Taxifahrer überhaupt, weil in jedem Flugzeug, das in Bombay landet, Leute sitzen, die nach Goa wollen. Das heißt, den Taxifahrer in Bombay, der den Weg zum Hafen nicht kennt, gibt es nicht. Es gibt nur den, der so tut.

Schließlich hielt der Mann und verkündete, daß er nun endgültig nicht weiterwisse. Deshalb müßten wir jetzt leider aussteigen und »*unfortunately*« zu Fuß die Reise fortsetzen. *Unfortunately* ist eines der in Indien am häufigsten benutzten englischen Wörter und bedeutet, in der indischen Weise gesprochen:

»Wir haben die Sache eigens für dich ein wenig unglücklich gestaltet, damit uns die Ehre obliegt, dir aus deinem Unglück zu helfen, motiviert durch ein dem Ernst der Lage entsprechendes Bakschisch.« *Unfortunately* aber hatte unser Taxifahrer eine Argentinierin im Fond sitzen, die schon bei wesentlich geringeren Dingen gewaltig ausflippen kann. Um ein Haar hätte ich mir die Ohren zugehalten, als sie loslegte.

»*What is this?*«, schrie sie, wobei sie das i besonders lange dehnte. »*This is not the Gateway of India.*« Natürlich tat der Mann so, als verstünde er nicht.

Mirta ließ sich deshalb von Christian, der die Taxifahrt bezahlt hatte, den kleinen roten Zettel geben.

Die Quittung von der Taxikasse am Flughafen. Auf ihr stand klar und deutlich: *Gateway of India, 60 rupees.*

»*Read*«, schrie sie wieder. »*Gateway of India. You bring us there. Now! At once! Go!*«

Der Fahrer nahm ihr grinsend den Zettel aus der Hand, schaute einmal drauf und warf ihn aus dem Fenster. Die Worte, die Mirta nun fand, lohnt es sich nicht aufzuschreiben. Sie waren ziemlich einfacher Natur und ziemlich schlechtes Englisch. Aber wie sie redete und was sie dabei tat, das war schon eine gute Sache. Sie tobte dermaßen, daß der Fahrer es tatsächlich mit der Angst bekam, vor allem wohl durch die mehrfache Wiederholung des Wortes *police*, und schließlich fiel dem Mann die Route wieder ein, und er brachte uns ohne weitere Verzögerungen direkt bis an die Schiffsanleger. Daß er die ganze Angelegenheit für äußerst schlechten Stil hielt, ist klar. Er würdigte uns keines Blickes mehr und fuhr, nachdem wir das Gepäck ausgeladen hatten, grußlos davon.

Gut, wir waren im Hafen, und ich glaubte, nun sei es endgültig Zeit für den ersten dieser braunen, stark gewürzten Milchtees, die sie von Istanbul bis Kathmandu *Chai* nennen.

Wir standen in einer recht großen Halle am Kai, in allen Ecken wurde etwas verkauft (Melonen, Orangen, Bananen, Fische), und an einigen Ständen gab es auch Chai und irgendwelche warmen Speisen. Vor einen dieser Stände hatte man Stühle und Tische gestellt, und wir setzten uns. Ein beflissener Inder brachte uns vier Gläser Chai, von denen jedes Glas einen beachtlichen Schmutzrand aufwies. Ich meine nicht ein paar Flecken oder Spuren oder einen dünnen dunklen Film. Nein, fester, verkrusteter, intensiv brauner Schmutz, etwa zwei Zentimeter breit, rund um die Innenseite des Glases. Den schaute ich mir eine Weile an, dann trank ich den heißen Tee, der hervorragend schmeckte, in kleinen Zügen aus. Bei den ersten zwei oder drei Schlücken lief mir noch der Ekel das Rückgrat rauf und runter, aber dann hatte ich mich daran gewöhnt. Als die Gläser leer waren, kam wieder der Inder herbei und fragte, ob es noch ein Gläschen sein dürfe. Wir verneinten und wollten zahlen.

»*How much?*«

»*Two rupees.*«

Jetzt erzürnte sich Jörn, der bisher den Mund kaum aufbekommen hatte. Er sei schon einmal in Indien gewesen, und er wisse definitiv, daß ein Chai nur 25 Paisa kosten dürfe und nicht zwei Rupien, wie uns dieser hier es weismachen wolle. Eine Angelegenheit für Mirta, dachte ich, und wirklich, sie ging auf den Mann los und erreichte, daß er sich mit einer halben Rupie pro Chai zufriedengab. Ich erfuhr erst viel später, daß der Mann durchaus im Recht gewesen war. In Bombay kostet der Chai tatsächlich zwei Rupien. Bombay ist in allen Dingen mindestens viermal so teuer wie der Rest des Landes.

An dem Fahrkartenschalter für den Goa-Trip trafen wir die Syrian-Bomber-Truppe wieder. Den indienkundigen Engländer, Andrea, die sich inzwischen umgezogen hatte und für indische Verhältnisse eigentlich nackt rumlief, ihre beiden Freundinnen und noch ein paar Gesichter, die ich schon vom Flugzeug her kannte. Darunter ein Paar, das dezent in Orange gekleidet war. Deutsche, wie es sich herausstellte. Der Typ (klein, untersetzt und mit Vollbart) kam aus irgendeinem Grund mit mir ins Gespräch. Ja, Bombay sei lausig. Aber Goa, Mensch, Goa sei ganz anders. Traumhaft sozusagen.

Nach dem Kauf der Karten vertrauten wir uns dem bombaykundigen Engländer an und gelangten mit einem Bus zum »Thakurdas Lodging House«. Das Hotel lag an einer lebhaften Straße, nur zehn Minuten vom Hafen entfernt. Es ist dies die Gegend der billigen Hotels. *Billig* heißt in Bombay etwa 70 Rupien für die Nacht, was für den gerade eingeflogenen Besucher aus dem Westen in der Tat billig erscheinen mag. Bei einem Wechselkurs zu vier Rupien für eine Mark errechnet sich der Hotelpreis auf nicht ganz 20 Mark. Für diejenigen aber, die aus den indischen Provinzen nach Bombay kommen, sind diese 70 Rupien der reine Hohn, die blanke, unverschleierte Unverschämtheit ungebildeter und vor allem von allen Göttern verlassener Banditen.

Unser Zimmer, oder besser, dieser Schuhkarton mit zwei Betten war eigentlich nur die hintere Ecke der Rezeption, die man durch eine nachträglich eingebaute Sperrholzwand separatisiert hatte, falls es dieses Wort überhaupt gibt, aber uns war das alles ziemlich egal. Wir rauchten endlich das Geschenk von Dr. O., und ich tat dann reichlich stoned etwas, das im folgenden das erste Kapitel im »Lexikon für Traveller« darstellt.

– *Das Checken des Grundsätzlichen* –

Du hast zwei Geldbeutel. Einen fürs Bein, einen für die Brust. Der fürs Bein ist der Safe. Da kommen die Rückflugtickets, der Reisepaß und die Travellerchecks hinein. An die Brust legst du die Alternativen. Empfehlungsschreiben, Personalausweis, Quittungen für die Schecks und die 100-Rupien-Scheine. In die Hosentasche kommt Kleingeld, und in den Beutel das Notizbuch, zwei Kugelschreiber, Kamera und drei Filme mit verschiedenen Empfindlichkeiten.

Dann gingen wir die schmale dunkle Treppe schwindelerregende sechs Stockwerke auf die Straße hinunter, und da gab es den ersten Mangosaft, die ersten Beedees, süße Bällchen, und wieder Chai. Diesmal allerdings aus sauberen Gläsern. Im Kino an der Ecke lief »Octopussy«, und als wir aus dem Film wieder herauskamen, war es bereits dunkel. Tiefgelbes Licht fiel aus offenen Fenstern, in den Kiosken flackerten Neonröhren, Kerzen und Petroleumlampen. Auf dem Bürgersteig stolperten wir über Straßenhändler. Wir gingen Arm in Arm durch diese laue indische Nacht, und wir hatten das Gefühl, alles richtig gemacht zu haben. »In zwei Tagen ist Weihnachten«, sagte Mirta.

Als wir gegen Mitternacht endlich auf unseren Betten lagen, war das letzte, was ich vor dem Einschlafen hörte, das Surren des großen Ventilators über mir. Ein eintöniges Geräusch. Für mich war es Musik.

AUF DEM BOOT

Das Boot nach Goa legte am anderen Morgen gegen elf Uhr ab. Es war so groß wie ein Schiff der Rheinflotte, hatte zwei Decks, ein paar Kabinen, und eine ganze Menge Inder verdienten ihren Lebensunterhalt damit, daß sie mit beachtlichen Bündeln Dekken unterm Arm auf das Boot rannten und diese Decken in gebotener Hektik auf den Decks ausbreiteten. Ein ungeschriebenes Gesetz besagt, daß sich kein anderer dort niederlassen darf, es sei denn, er zahlt ein paar Rupien.

Die Armen, die Langsamen, die Zu-spät-Gekommenen und vor allem die indienunkundigen Billigtouristen aus dem Westen finden deshalb in der Regel auf dem Boot keinen freien Flecken mehr, auf dem sie sich während der Reise langmachen können, und so hocken sie volle vierundzwanzig Stunden wie die Hühner auf den Bänken, Rettungsbooten und der Reling.

Etwa ein Drittel aller Passagiere waren an diesem Morgen europäische, amerikanische, kanadische und australische Fernreisende. Sie hatten sich auf den hinteren Teil des Oberdecks gequetscht und machten es sich, so gut es ging, bequem, das heißt, sie knallten sich gnadenlos mit Haschisch und Opium zu. Das kannte ich ganz gut, und ich ließ mich einigermaßen gelassen mit Mirta unter den qualmenden Rucksäcken nieder.

Ich hatte es dann wohl auch recht gut getroffen. Direkt neben mir saß ein junger Mann mit einem schönen, tiefbraunen, ernsten Gesicht, der sich als afghanischer Widerstandskämpfer vorstellte. Sämtliche Frauen seiner Familie seien in russischen Bomben umgekommen, und deshalb habe er gut ein Jahr lang ein russisches Maschinengewehr durch das Land geschleppt. Nun aber sei er »*in some business*« zwischen Bombay und Goa unterwegs, und was das für 'ne Art Business darstellte, wurde auch bald klar, denn der Afghane trug »*every kind of drugs*« bei sich. Schon sieben Minuten nach der Abfahrt vom Gateway of India hatte mein Nachbar den dritten Joint gedreht, Dinger, die geradezu unanständig in den Kopf fetzten, und als wir die erste Dschunke entdeckten, war ich bereits nicht mehr Herr meiner Sinne. Hinter uns lagen, gerade noch in Sichtweite, die dicken Dampfer und Containerschiffe, und dahinter blieb Bombay zurück.

Durch den Afghanen wurde unsere nun schon bekannte Reisegesellschaft, bestehend aus Andrea und Freundinnen, Christian, Jörn und dem Briten, mit einem Orientalen bereichert, rechts von mir lagerten zwischen Bank und Reling zwei Franzosen, weiter links gab es Iren, Schotten und Engländer. Die Kommunikation war nicht gerade aufgeweckt, und so vertrieben Mirta und ich uns die Zeit mit kleinen Spielchen. Das *Was-nehmen-wir-mit-wenn-wir-nach-China-reisen*-Spiel zum Beispiel. Dabei muß jeder abwechselnd einen imaginären Gegenstand nennen, den er in die imaginäre Reisetasche packt. Er muß allerdings auch all die anderen bereits vorher genannten Gegenstände mit aufzählen (und zwar in der richtigen Reihenfolge), bevor er etwas Neues dazulegen kann. Dann ist der Partner wieder an der Reihe. Derjenige, der als erster den Inhalt der Reisetasche nicht mehr klar durchblickt, hat verloren.

Der Satz, nach dem ich aufgeben mußte, lautete: »Wenn ich nach China reise, nehme ich in meiner Reisetasche einen Walkman mit *(ich)* und eine Nagelfeile *(Mirta)* und ein I Ging *(ich)* und eine Uhr *(Mirta)* und eine Kamera *(ich)* und einen Ohrring *(Mirta)* und eine Stange Camel ohne Filter *(ab jetzt spare ich mir die Urhebernachweise)* und einen Schminkbeutel und die Reisepapiere und ein Tagebuch und einen Kugelschreiber und einen Buntstift und eine Zahnbürste und Zahnpasta und ...«

Was wir auch gerne spielten, war das *Ich-denk-an-wen*-Spiel, natürlich auch *Schiffe versenken*, *Stadt-Land-Fluß* und *Das-ist-das-Haus-vom-Nikolaus*. Ein kleiner Mann verkaufte Chai auf dem Deck, später kämpften wir uns zum Schiffsrestaurant durch.

Hier eine kleine Warenkunde dieses Restaurants (alle Angaben in Rupie, eine DM gleich vier Rupien):

Vier Tee kosten 2,40. »Chit-Chat-Jeera-Biscuits«, sägemehltrocken und leicht gesalzen, gibt es für 2,50. »Anytime-Britannia-Biscuits«, genauso trocken, aber doppelt so dick, für 3,50, und Beedies für eine Rupie. Vor den Beedies muß gewarnt werden. Sie heißen »Barath Spezial«, und das Spezielle an ihnen ist ihr Alter. Sie brennen nicht oder wenn doch, dann schief, und ich ätzte mir mit der blauen Säure, die aus ihnen tropfte, ein Stückchen Haut weg. Die Zigaretten kosten 1,50. »Panama« heißen sie, und man kann sie rauchen.

Ich denke gerne an die Bootsfahrt nach Goa zurück. Am liebsten denke ich an die Nacht. Sie war lang und lau, und der Vollmond schwamm auf dem Arabischen Meer. Das Boot fuhr ständig in Küstennähe. Lichter waren dort zu sehen, Feuer brannten am Strand, man ahnte Palmenwälder. Ich saß mit Mirta stundenlang auf der Reling, ohne auch nur ein Wort zu sprechen. Wir lieben beide das Wasser und den Mond, und so konnten wir schauen und schauen und schauen. Irgendwann in dieser Nacht holte mir Mirta eine Wimper aus dem Gesicht. Sie haftete an ihrem Daumen. »Du drückst jetzt deinen Daumen dagegen«, sagte sie. »Solange wir drücken, dürfen wir uns drei Dinge wünschen. Dann nehmen wir die Daumen auseinander. Wer die Wimper hat, dem gehen die Wünsche in Erfüllung.«

Was ich mir wünschte, war ja klar:

Ich wollte 1. endlich wieder mit ihr schlafen, 2. ein gutes Buch schreiben und 3. noch mehr Selbstbewußtsein.

Tatsächlich wünschte ich mir zu diesem Zeitpunkt nichts sehnlicher, als, wie Miller sagt, »*mit dem Bus ihrer Eierstöcke ins wunderbare Land Beischlaf*« zu fahren, aber um das näher zu erklären, muß ich jetzt 'ne Beziehungskiste aufmachen, die ich bisher aus gutem Grund nicht erwähnt habe. Sie trägt die Aufschrift »*SSS*« (Schande, Schuld, Spezialeffekte), und wer sie auch nur ein kleines Stückchen öffnet, dem springt ein stark erigierter und restlos beleidigter Penis ins Gesicht. Seit rund drei Monaten lief für den Jungen nichts mehr. Mirta ist eine verdammt schöne und sinnliche Frau, und wenn einem über Nacht der Sex gestrichen wird, dann kann das schon Probleme machen. Nicht nur mir. Auch Mirta war es absolut schleierhaft, warum sie plötzlich keine Lust mehr auf mich verspürte. Es hatte nichts mit einem anderen Liebhaber zu tun oder mit langsam erkaltenden Gefühlen füreinander. Ein Reh war uns begegnet, von links nach rechts auf der Autobahn Hamburg – Münster, und wir waren mit einem klapprigen Opel dagegengeknallt. Das war das erste »S«, und nun geht's beherzt zum zweiten.

Bisher hatte ich unsere Beziehung in die Zeit *vor Gandhi* und die Zeit *nach Gandhi* aufgeteilt, wobei Gandhi nicht für einen neuen Christus steht, sondern lediglich für das ordnende Element in dem Chaos unserer Zweisamkeit.

Vor Gandhi, das war der Sommer des Jahres 1982. Damals arbeitete ich für »Twen«, eine Zeitschrift voller Pickel und Falten. Ich verbrachte meine Tage in einer großen, weißen Redaktion, fünf Stockwerke über dem Hamburger Babystrich. Ich hatte ein Büro, ein großes Fenster, ein Fernglas, ein altes Sofa und einen weißen Schreibtisch, auf den ich vorne, da, wo jeder es lesen mußte, ein Schildchen mit der Aufschrift »*Fuck me*« geklebt hatte. Das meinte ich ganz ehrlich. Unter den überwiegend jüngeren Kollegen galt ich als der gute geile Opa, der von der Neuen Deutschen Welle nichts hält und lieber über den Kiez und Carole King schreibt. Ich kam gut aus mit den modernen Jungs, und wir einigten uns meist auf einen Kompromiß, der später als der »*Twen*«-*spezifische Vorspann* in die bundesdeutsche Pressegeschichte eingehen sollte. In diesen meinen Texten vorangestellten Zeilen entschuldigte sich die Chefredaktion mit bewegten Worten bei dem Leser für alles, was dann folgte. »*Fuck me*«, das war das Motto meines Schreibtisches.

In diesem Umfeld – an einem Tag im Mai – verliebte ich mich in Mirta.

Streß, Kaffee und zu viele Manuskripte.

Sie kam spät am Nachmittag und hatte eine Decke dabei. Ich kannte sie noch nicht lange. Zwei Wochen vorher hatten wir ein Konzert besucht, und das war's. Nun saß sie auf meinem alten Sofa. Eine Südamerikanerin mit blauschwarzen Haaren, deren Vorfahren zur einen Hälfte Indianer und zur anderen Hälfte Italiener gewesen waren, und einer unserer Graphiker fragte mich, was eine dermaßen schöne Frau eigentlich mit so 'nem Typen wie mir zu schaffen habe. Die nächsten zwei Monate glichen dann auch eher einer Achterbahn als 'nem vernünftigen Sommer. Ich gewöhnte mich daran, sie jeden Tag neu erobern zu müssen, nur um sie am Abend schon wieder zu verlieren. Aber wenn sie damals gesagt habe: »Reiß dir ein Ohr ab«, ich hätte es getan. Ich vergötterte sie. Nebenbei ging »Twen« in Hamburg pleite.

Das Ende der *Vor-Gandhi*-Zeit erlebte ich in Amsterdam. In dem häßlichen, kalten, feuchten Zimmer eines besetzten Hauses an der Kaizers Gracht. Ich lag nackt auf einer alten Matratze, zwischen meiner schmutzigen Wäsche und den Möbeln vom Sperrmüll. Mirta hatte mich zwei Stunden zuvor verlassen.

»*Ich komme mit dir nicht mehr klar.*«

»Vielleicht verschwende ich meine Zeit mir dir.«

Zwei Stunden lag ich noch mit geschlossenen Augen auf der Matratze, und die Bilder dieser kaputten Liebe stiegen in mir hoch wie der süße Dampf aus einer Opiumpfeife.

Ein Park, ein Teich, Blumen auf dem Wasser. Wir sitzen Rücken an Rücken. Ich schwimme in ihren Worten, in allem, was sie tut. Eine Nacht, ein Bett, ein Dorf. Ich sehe ihr Gesicht über mir, das kleine Fenster hinter ihr und weit weg die Sterne. Ein Wald. Es regnet. Wir sind völlig durchnäßt. Wir laufen nach Hause. Sie springt auf meinen Rücken, reibt ihr Gesicht an meinem. »Bin ich dir zu schwer?« – »Nein, Mirta, nein.«

Bilder, verfluchte Bilder.

Sie stiegen hoch, während ich zwischen meiner schmutzigen Wäsche lag, eines nach dem anderen, und sie wehten aus mir heraus. Als ich endlich die Augen öffnete, schien die Sonne durch das Fenster, und ich fühlte mich leicht und frei und neugeboren.

Ein Jahr später trafen wir uns wieder. Ich hatte inzwischen Indonesien, Nordamerika und Arabien bereist, und manchmal war mir dabei der Verdacht gekommen, daß ich nur reiste, um sie zu vergessen. Das stimmte nicht ganz. Ich hatte sie vergessen und dann doch wieder an sie gedacht, in den Teehäusern von Kairo, und dann trafen wir uns in der Wohnung meines Herausgebers, und es ging von neuem los. Zwei Wochen, jede Stunde ein Juwel.

Dann kam das Reh.

Wir waren in Sachen Reisevorbereitungen auf der Autobahn. Und es ging uns einfach zu gut. Wir hatten allerfeinstes Dope dabei, nicht diesen Dreck, den man sonst auf der Szene kriegt, sondern Gras aus Jamaika. Wir verstanden uns beinahe schon telepathisch. Wir hörten gute Musik, am Himmel stand eine riesengroße gelbe Scheibe, und tief in mir wiederholte sich ständig ein Wort. Immer dasselbe.

»*Genieße.*«

»Was denkst du gerade?« fragte Mirta.

Genau in diesem Augenblick ballerten wir gegen das Reh. Der Opel kam ins Schleudern, drehte sich und schlug gegen die Leitplanke. Wir kamen mit einem Blechschaden davon, was dem Reh geschehen ist, weiß ich nicht. Es verschwand in der Nacht. Aber mit der schönen Indianerin war etwas geschehen. Seit dieser Nacht schlief sie nicht mehr mit mir, ich durfte sie kaum noch anfassen und schon lange nicht von Liebe reden, obwohl wir, kurz bevor das Reh dahergelaufen kam, ernsthaft übers Heiraten nachgedacht hatten.

Mirta wußte nicht einmal mehr, ob sie mit mir nach Indien fahren wollte. Sie wußte nichts mehr, sie wurde traurig, sie flippte rum, zog sich andere Männer rein, trank und wurde hart zu mir. Natürlich klinkte ich aus. Plötzlich begehrte ich sie mehr als alles andere, und je stärker ich sie begehrte, desto weiter rückte sie ab.

Eine vernünftige Erklärung gab's für diese Geschichte nicht, aber vielleicht, so dachten wir, stehen wir unter irgendeinem beschissenen Bann. Für solche Dinge ist Gandhi zuständig. Kein Bann, den der nicht kennt. Also gingen wir zu ihm, in sein kleines Haus, wo die Schatten so angenehm sind, und erreichten damit nicht nur die Zeit *nach Gandhi*, sondern auch das dritte »S«, die *Spezialeffekte* unserer Beziehungskiste.

Tarots, Partnerschaftshoroskop, analytische Zahlenmystik. Ich weiß ja, daß ich in diesen Dingen eine Macke habe. Aber es macht mir einen unheimlichen Spaß, darüber zu schreiben, weil ich dabei dauernd die Gesichter meiner ehemaligen Kollegen vor mir sehe. Würde ich deren Weltanschauung übernehmen, wäre die Langeweile mein Schicksal. Die wenigen Lichtblicke in dieser bundesdeutschen Tristesse sind die Interviews im »Playboy«, die Politkomödien im »Spiegel« und die Abende bei Gandhi.

Wir saßen bei ihm, waren schwer in die Sache mit dem Reh vertieft, da klingelte das Telefon. Einer seiner Astrologieschüler brauchte Rat. Gandhi versuchte, ihm geschlagene zehn Minuten eine astrologische Berechnung zu erklären.

»*Also, das ist ganz einfach. Du mußt die Daten von indischer Zeit in europäische Zeit umrechnen ... Wie das geht? Zieh viereinhalb Stunden ab. Dann errechne die Zeit von Sonnenaufgang bis zur Geburt und check aus, in welchem Muhurta die Geburt lag ... Genau. Finde den fünfzehnten Teil einer Muhurta, dann hast du die Bhuta ... Was? ... Die Bhuta der Geburt. Die Elementarschwingung, Mann.*«

Pause.

»*Nein, mach es doch nicht so kompliziert. Du teilst durch fünfzehn, und was dabei rauskommt, multiplizierst du mit Kstepa.*«

Pause.

»*Ja, du mußt die Stellung des Mondes verschieben ... Was? Nein. Auf gar keinen Fall. Das ist sehr wichtig. Die Häuser wandern. Du, hör mal. Ich habe hier jemanden bei mir sitzen. Ruf doch morgen noch mal an. Ja, nachmittags ist immer gut. Vergiß nicht, die Häuser wandern. Tschüs.*«

Dann waren wir wieder dran.

»Laßt uns eure Frage noch mal präzisieren«, sagte er. Wir präzisierten, und Gandhi kam richtig drauf. Er rechnete, verglich, holte Tabellen aus seinen Regalen, Aktenordner und was weiß ich. »Die Situation am Himmel zur Zeit des Unfalls war einfach ein bißchen *too much*«, meinte er schließlich, aber als professioneller Astrologe sei er davon geradezu begeistert. Ich habe nichts von dem behalten, was da an Planeten, Sonnen und Sternen unterwegs war, aber was Gandhi dann brachte, das habe ich nicht vergessen. Er hatte lange danach suchen müssen. Es war ein verstaubtes, altes Buch, ein indisches, und noch dazu in Sanskrit geschrieben. Ein Omen-Buch.

»Von welcher Seite kam das Reh?«

»Von links.«

Er blätterte, fand die Stelle und grinste.

»Hier haben wir es«, sagte er. »Die Begegnung mit einem Reh in der Nacht, das von links nach rechts gelaufen kommt, ist ein Omen für überschüssige sexuelle Energie.

Ich schätze, daß ihr es übertrieben habt. Ihr habt euch gegenseitig so hochgeputscht, daß die ganze Sache mit euch umkippen mußte, und dann seid ihr tief gefallen.«

Wenn ich daran denke, was in dem Opel abgegangen ist, bevor das Reh auflief, muß ich sagen: So unrecht hatte der Mann nicht. Jedenfalls wurde es mit Mirta und mir dann insofern besser, als wir beschlossen, auf alle Fälle zusammen zu reisen, komme, was da kommen mag. Inzwischen war es auch längst nicht mehr so arg wie in den ersten Wochen, in denen sie mich überhaupt nicht mehr berühren wollte, keine Zärtlichkeit, kein liebes Wort. Nein, die Liebe war bereits zurückgekehrt, nur trauten wir ihr noch nicht ganz über den Weg. Ich erinnere mich an zwei, drei Situationen, noch vor unserem Abflug, in denen ich spürte, daß sie ihre Schranken öffnete. Aber ich war inzwischen zu einem Krampfkopf verkümmert, der es sich zehnmal überlegt, bevor er Hand anlegt. Vielleicht kennt das der eine oder andere: »*Jetzt berühre ich ihre Hand. Will sie das? Ich glaube, ja. Sie zieht sie immerhin nicht zurück. Toll ... Ob ich auch ihren Arm streicheln kann? ... Besser nicht ... Aber sie wartet vielleicht darauf, und du bist nur wieder zu doof ... Versuch es! ... Nein, laß es, doch, tu es ... Aber ganz vorsichtig. Ja, so ist es richtig. Langsam am Handgelenk hoch ... Aber wie weit hoch? ... Doch nicht bis an die Armbeuge. Das ist eine ihrer erotischen Stellen!«*

So was nervt natürlich kolossal. Manchmal geriet ich über mich selbst dabei so in Wut, daß ich mir dann einfach ihre Brust grapschte und zudrückte. Und das nervte noch mehr. Es nervte dermaßen, daß ich seit zwei Tagen ernsthaft versuchte, das Sexuelle in unserer Beziehung von vornherein auszuschalten, was eine Sache des Handbetriebs und des Willens ist. Und die Filme, in die man so geht, haben auch etwas damit zu tun. »Die Rückkehr der Jedi-Ritter« zum Beispiel. In dieser dritten Folge der »Star Wars«-Saga kommt der junge Luk nämlich endlich dahinter, daß die Prinzessin Laila, mit der er bis dahin jede Menge Affären laufen hatte, seine Schwester ist. Von da an ist alles gut.

Mirta ist meine Schwester, dachte ich, das ist auch nicht schlecht. Und es erklärt alles. Keinen Sex mehr. Klare Verhältnisse. Blödsinnigerweise sprang dieser mächtig erigierte und restlos beleidigte Penis immer wieder aus der Kiste raus.

So standen die Dinge, als wir in der Nacht auf der Reling saßen, mit glitzernden Sternen am Himmel und der süßen indischen Luft über dem Arabischen Ozean. Das Licht einer Petroleumlampe bewegte sich ruhig mit dem Wellengang, und wir hätten uns nur zu küssen brauchen, und der Bann wäre gebrochen gewesen. Aber nein, wir redeten über irgendwas, erzählten uns Märchen, dachten uns Spiele aus und taten sonst weiter gar nichts. So was, kann man sagen, hält die Liebe jung.

Ankunft

TAGEBUCH IN GOA

Wir erreichten Goa am 23. Dezember 1983, und damit begann eine neue Episode der Reise: Ich habe mich entschieden, diese Zeit mit meinen Tagebucheintragungen zu dokumentieren. Doch bevor ich damit beginne, laß ich mal den Journalisten raus.

Zunächst einmal: Goa ist kein großes Dorf, wie ich es aus irgendeinem Grund vermutet hatte, sondern eine Provinz. Es gibt viele Dörfer in Goa, einige Städte und eine Provinzregierung, die in Panjim ihren Sitz hat. Der Strand mit seinen unzähligen Buchten ist etwa 100 Kilometer lang, das Hinterland ist voller Berge, Schluchten und Reisfelder, der Rest ist Dschungel. Goa war schon immer ein fruchtbares Land, das Klima hier ist gerade im Winterhalbjahr ausgesprochen angenehm, ein Umstand, der seit Jahrhunderten die Europäer in diese Provinz gelockt hat. Es waren die Portugiesen, die Goa 1510 entdeckt haben und in Besitz nahmen.

Sie nannten es das »Venedig Asiens«, so sehr liebten sie ihre kleine indische Kolonie am Arabischen Meer. Erst im Jahre 1961 vertrieb die Armee der indischen Zentralregierung die Portugiesen und befreite damit die letzte der indischen Provinzen von der europäischen Fremdherrschaft.

Für die Portugiesen war Goa allerdings nie eine Schatzkammer, die es auszuplündern galt, sondern eher eine Sommerfrische (in diesem Fall besser eine Winterfrische), ein paradiesischer Ort, an dem sich der reiche Kaufmann ausruhen konnte, wenn er die Nase von seinen Geschäften in Indonesien voll hatte. Sie bauten sich wunderschöne Villen, legten Gärten an und holten den Wein aus Europa. Sie ließen es sich und auch den Indern gutgehen, und als man die Portugiesen vertrieb, sahen die Einwohner Goas eigentlich darin keinen Grund zum Jubeln.

Wer heute nach Goa kommt, begegnet dieser Vergangenheit auf Schritt und Tritt. Die meisten Häuser sind im portugiesischen Stil gebaut, groß, mit hellen Zimmern und freundlichen Veranden, überall stehen kleine, aber feine Kirchen, denn ein großer Teil der Bevölkerung Goas sind Christen. Begeisterte Christen übrigens. Weihnachten in Goa, das ist wirklich eine schöne Zeit. An allen Häusern baumeln bunte Lampen und Sterne, Kinder ziehen mit Gitarren von Haus zu Haus, auf der Straße wünscht dir alle Augenblicke jemand »*Happy Christmas*«.

Ich habe in Goa keine verkrüppelten Bettler gesehen und keine Kinder mit Hungerbäuchen, dafür reichlich Motorräder, Taxis und teure Jeans. Und wenn ich es mir recht überlege, dann haben die Goaner ihren Wohlstand weniger dem Herrn Jesus zu verdanken als vielmehr den Hippies. Die sahen zwar genauso aus wie der, hatten aber mehr Geld. Die Hippies kamen, als die Portugiesen gingen.

Wenn man die Alten heute von diesen sagenhaften Zeiten reden hört, steigen Tränen in die Augen. Strandpartys mit freiem LSD und exklusivem Publikum. Aus allen Ländern des Westens kamen die Schönsten und Besten. Mick Jagger brachte seine Gitarre mit, die Who ließen nach einer Party ihre gesamte Anlage stehen, Chillums brannten in der Nacht.

Goa wurde zu einer Hippie-Legende, und im Gegensatz zu ähnlichen Wallfahrtsorten wie Kreta und Ibiza hat Goa sich einigermaßen gehalten. Auf Kreta bekamen die Hippies handfesten Ärger mit den Griechen, weil sie am Strand nackt rumliefen und ab und zu mal ein Mädchen des Volkes bumsten, und Ibiza wurde von den Luden überrollt. In Goa lief alles viel entspannter, denn die Inder sind in diesen Dingen ausgesprochen tolerant. Wenn du nackt auf dem Markt Melonen einkaufen willst und auf den Händen wieder nach Hause gehst, na und? Das machen ihre Sadhus seit 2000 Jahren. Es ist schon immer schwierig gewesen, meinen die Inder, Verrückte und Heilige auseinanderzuhalten. Und wenn so ein Westler sein Auge auf eine Blume des Ostens wirft, soll er doch. Die Portugiesen sind auch wilde Hirsche gewesen, in den Gesichtern der Mischlinge steht's geschrieben. Hauptsache, die Leute bringen Geld mit und investieren es in Milchshakes, Fruchtsalate, Schokoladenpuddings, Sahnejoghurts, Müslis mit Kokosnußscheiben, frisch gepreßte Mangosäfte und im Hotelwesen. Ein Hotel hat jeder, der ein Haus besitzt. Platz ist in der kleinsten Hütte, für zehn Rupien die Nacht bekommst du ein sauberes Zimmer mit 'nem Kruzifix über dem Bett.

Trotzdem steht Goa heute in keinem guten Ruf. Die westlichen Medien (besonders die deutschen) und der Zeitgeist lästern gleichermaßen über das *Paradies für versumpfte Späthippies*, in das nur noch die Art von Leuten fahren, die es nötig haben, harte Drogen billig zu bekommen. Da ist natürlich was dran. Der Dope-Markt von Goa gilt als der reichhaltigste und, was die Qualität angeht, exzellenteste der Welt. Du bekommst Haschisch, Gras, Opium, LSD, Kokain und Heroin zu Preisen, die jeden professionellen Dealer Europas in die Arme der Sozialunterstützung treiben würden. Ein Gramm furchtbar reines Heroin kostet in Goa nicht viel mehr als ein Gramm Haschisch in Deutschland, und das Gras, was es da zu rauchen gibt, erinnert in seiner Wirkung fatal an LSD. Es wird *Ganga* genannt und in den Bergen Keralas angebaut, und ich werde später darauf zurückkommen.

Und doch ist Goa nicht diese Drogenhölle mit Palmen drin, von der so gerne geschrieben wird. Goa besteht, wie schon gesagt, aus vielen Dörfern, Städten und Buchten, und all diese Plätze haben ihre spezielle Szene. Die harte Szene, mit dem harten Dope und den harten Fixern, die dir in der Nacht eins auf den Schädel hauen, um an deine Rupien oder deine Kamera zu kommen, diese Szene hat sich in Arambol festgesetzt, was dummerweise eine der schönsten Buchten der Gegend ist. Wer nach Arambol will, muß mit der Fähre über einen Fluß, aus dem silberne Fische springen, und dann noch einmal zehn Minuten mit einem Taxi oder zwei Stunden zu Fuß durch die Berge. Dann ist er tatsächlich in einem Dorf, in dem die Teeshop-Besitzer schon beim Frühstück *brown sugar* anbieten. Und dieser braune Zucker ist bei Gott nicht gesünder als der weiße.

Also, Arambol kann man sich ansehen, aber wohnen sollte man besser woanders. In Anjuna, in Calingute, in Baga. Da haben die Althippies ihre Häuser. Aber was soll dieses dumme Wort? Hippies gibt es gar nicht mehr. Freaks gibt es oder »*beautiful people*« (das habe ich aus dem »Stern«). Es ist so schwer mit den Klischees heutzutage. Nur ein paar Beispiele.

Wir lernten eine fünfunddreißigjährige Kanadierin und ihren schwedischen Freund kennen. Sie lebten seit zwölf Jahren in einem Haus am Rande eines Fischerdorfes, mit Blick aufs Meer. Dort sind sie in der Regel sechs Monate des Jahres, die andere Hälfte verbringen sie in Kanada. Sie leben vom Textilbusiness, das ja bekanntlich in Indien zu Hause ist. Ihr Häuschen kostet sie 200 Rupien im Monat (50 Mark) und ist bestens eingerichtet. Der Schwede hat erst kürzlich einen Dia-Projektor aus dem Westen mitgebracht, weil er Hobbyfotograf ist. »Willst du auch ein Bier?« fragte ihn die Kanadierin, als wir bei ihnen zu Besuch waren. »Nein«, sagte er, »ich bevorzuge einen Joint.« – »Aber natürlich, Schatz.«

Dann trafen wir eine Dame namens Slivka. In Polen geboren, in der Schweiz verheiratet und nun seit fünf Jahren fest in Goa.

Sie war mal ein Starmannequin. Sie hat in Mailand gearbeitet, in New York, in Mexico City, in Paris, London und Zürich. Und das nur bei den besten Agenturen. »Time«, »Fashion«, »Wilhelmine«, 800 Mark Tagesgage plus Reisespesen. »Es war schon irre«, sagte sie mir. »In einem Jahr von Mexiko bis nach Marokko alle Strände gesehen. Dreimal Kenia, dreimal die Seychellen, zweimal Südamerika und Bermudas. Bali war komischerweise das Östlichste, was ich je geschafft habe.« In Sachen Bademode ist sie unterwegs gewesen. »Anders reisen«. Dann hat sie der Exbassist der Münchner Jazz-Rock-Gruppe Embryo in einem Zugabteil der indischen Eisenbahn zwischen Delhi und Bombay geschwängert, und Slivka hing ihre Bademoden an den Nagel und ließ sich in Goa nieder, wo es Buchten gibt, die die Götter in ihren Träumen erschaffen haben.

Bayka, ihre in der indischen Eisenbahn gezeugte Tochter, ist inzwischen sechs Jahre alt und geht auf eine indische Schule. Das Mädchen spricht deutsch, englisch und den einheimischen Hindi-Dialekt. Sie ist braun und gesund und richtig fröhlich, denn der Sandkasten vor ihrem Haus ist etwa so groß wie ein Schulhof in Deutschland. Slivka steht jeden Morgen um sechs Uhr auf, weil sie um 6.30 Uhr die Government-Milch kauft (»Die ist das beste, was es hier gibt. Vollmilch, verstehst du?«), sie treibt Joga, schält jeden Apfel, weiß, daß morgens zu viele Tomaten schlecht für die Nieren sind, kocht nur die guten Kräutertees und achtet selbst bei ihren Gästen darauf, daß sie sich die Zähne putzen. Sie bringt ihr Fahrrad mit viel Liebe durch den Monsun, und sie trommelt mit durchreisenden Musikern. Das einzige, was ihr fehlt, ist ein Gemüsegarten.

Das Haus kostet 300 Rupien im Monat, was, grob gerechnet, 80 Mark sind, und durch den Devisenschwarzmarkt wird die Rechnung noch gröber. Ein Pfund Tomaten kostet zwei Rupien (50 Pfennig), zwölf Bananen sind für drei Rupien zu haben, ein

Kilo Brechbohnen für zwei Rupien. Kartoffeln für vier Rupien das Kilo, dasselbe für Kohl, Zwiebeln und Reis. Kurz, Slivka braucht rund 400 Mark im Monat, und damit ist auch die Peanutbutter bezahlt und der gelegentlich für Gäste bereitgehaltene Kokosnußschnaps, von dem ein Glas genügt, um alle aus Europa mitgebrachten Sorgen zu vergessen. Das Geld verdient sie mit Massagen für Touristen, und sie hat eine Schwester in München. Die ist Ärztin und schickt hin und wieder ein paar Tausender per American Express über den Teich. So what?

Slivka und die Kanadierin gehören zum harten Kern der Goa-Internationale. Amerikaner, Japaner, Australier, Engländer, Deutsche und Franzosen haben sich hier niedergelassen und denken selbst im Vollrausch nicht daran, jemals für länger als drei Monate wieder in den Westen zurückzukehren. Musiker sind es, Theaterleute, Videofilmer, Schreiberlinge, Malerinnen, Dealer, kurz: angenehme und nützliche Leute. Zu ihnen stößt dann um Weihnachten die zweite Goa-Garnitur hinzu. Leute, die Jahr für Jahr sechs oder acht oder zehn Wochen in Goa sich Motorräder leihen und die Sau rauslassen. Partys veranstalten sie immer noch jede Menge. Mal gibt sich die Kokain-Mafia die Ehre, mal lädt der Opium-Clan zum Tanz, und immer sind die Inder dabei, die in einer separaten Ecke ihre Tücher und Matten ausschlagen, um Tee, Kuchen und Zigaretten zu verkaufen. Die Mädchen sind bunt und leicht bekleidet, die am häufigsten zu beobachtende Handbewegung ist jene, bei der die Linke ein wenig gekrümmt und mit Tabak gefüllt wird und die Rechte da etwas hineinbröselt. Der am häufigsten zu Ohren kommende Spruch ist: »Sag mal, war das nun wirklich LSD im Mangosaft, oder spinne ich?«

Damit wäre nun die Kulisse beschrieben, in der die Tagebücher spielen, doch eines will ich zuvor doch noch erzählen.

Vom ersten bis zum letzten Tag dieser zwei Wochen lasen Mirta und ich gemeinsam in einem Buch, das uns ein Freund mit auf den Weg gegeben hatte. Es heißt »Kim« und ist von Rudyard Kipling. Das Buch schildert die Reise zweier Menschen durch das Indien der Jahrhundertwende. Kim ist ein Straßenjunge, der von Basardiebstählen und Betteln lebte, bis er einen alten tibetanischen Lama traf. Der Lama hatte seine »geliebten Berge« verlassen, um den *Fluß des Buddha* zu suchen. Dort und nur dort sei ihm die Erlösung vom Rad der Wiedergeburten beschieden. Kim wird der *Cheela* des Lama, sein Diener, Freund und Schüler also, und beide machen sich auf den Weg. Sie wissen nicht, wohin sie sich wenden sollen, denn der *Fluß des Buddha* ist natürlich auf keiner Landkarte eingezeichnet. Kim will es seinem Lama einige Male ausreden, aber der Alte läßt sich nicht im geringsten beirren. Er weiß, daß sein Fluß existiert, und er weiß, daß es seine Aufgabe ist, ihn zu finden.

Diese Geschichte berührte mich stark. Die Suche des Lamas nach dem *Fluß des Buddha* erinnerte mich an meine eigene Suche nach dem *Palast der gläsernen Schwäne*. Auch ich hatte keine Ahnung, wo der zu finden war und woran ich ihn erkennen sollte. Ich wußte nur, daß es an der Zeit war, ihn zu suchen.

Goa-Tagebuch

25. 12. 1983, Goa

Reichlich breit heute. Fing an, als Derek mir fröhliche Weihnachten wünschte. Derek ist Versicherungsexperte bei Lloyd's in London und ein sehr korrekter Mann. In dem Päckchen, das er mir schenkte, war Gras. »Extra light Kerala«, wie er sagte. Er wollte nämlich das Tabakrauchen aufgeben und Zigaretten durch leichte Grasjoints ersetzen (was, nebenbei, völliger Blödsinn ist. Im Gras ist wesentlich mehr Teer als im Tabak). Jedenfalls lud ich dann Mirta zu einer Christmas-Tüte ein, und die Wirkung ist fatal. Ich höre plötzlich viel besser. Und das liegt nicht nur an dem extraleichten Kerala, sondern wohl eher an dem Ohrenkratzer, dem wir heute morgen in die Hände gefallen sind. Diese Leute stehen hier in keinem guten Ruf. Das war so:

Wir nahmen gerade ein Bad im Arabischen Meer, oder besser, wir hatten es gerade genommen. Ich stand an ein Fischerboot gelehnt und rauchte ein Beedie, während Mirta mir die Mitesser ausdrückte. Da standen wir, als der schwarzbraune kleine Mann auf uns zueilte. Er hatte nur eines dieser bunten Tücher um die Hüften geschlungen, und in der Hand trug er einen Kasten. Es gab kein Entrinnen. An unserer weißen Haut hatte er uns sofort als neuangekommene westliche Touristen erkannt, die die Preise nicht kennen. Und da pulte er schon mit zwei dünnen Eisenstäbchen in meinen Ohren herum und holte Dreckklumpen heraus, die etwa so groß waren wie eine Fingerkuppe. Dann fand er Steine in meinen Ohren. Während er sich mit der rechten Hand um die Steine kümmerte, hielt er mir mit der linken ein Stück Papier hin, auf dem unter anderem zu lesen stand, daß er ein sehr guter Ohrenputzer sei und daß er für jeden in den Ohren gefundenen Stein fünfundzwanzig Rupien zu bekommen habe. Weil er aus Mirta anschließend auch noch Steine herausholte, wollte er insgesamt 100 Rupien bar auf die Hand. Ein guter Preis, wie er meinte, der Doktor würde das Doppelte nehmen. Hundert Rupien waren natürlich absolut lächerlich. Das wußte er selbst. Das Problem war nur, daß ich den korrekten Preis fürs Ohrenputzen nicht kannte. Gut, ich hatte erfahren, daß ein normaler indischer Arbeiter, Handwerker, Buchhalter höchstens 500 Rupien im Monat verdient.

Eher weniger. Also um die fünfzehn Rupien pro Tag. Ich bot dem Mann deshalb fünfundzwanzig Rupien für vier Steine und war sicher, daß es zu viel war. Er zeigte sich schockiert, ging dann aber schnell auf achtzig Rupien runter. Doch damit, so seine Geste, sei das endgültige Wort gesprochen. Das sah ich so nicht. Ich überlegte, welche Rechte dieser Mann eigentlich an den Steinen in meinen Ohren hatte. Keine achtzig Rupien? Vergiß es!

Ich sagte noch einmal: »Fünfundzwanzig«, und er war wieder schockiert. Dann schwieg er. Er blieb vor uns hocken und wollte mich durch Warten mürbe machen. Er wartete darauf, daß ich etwas unternehmen würde. Aufstehen zum Beispiel. Nach Hause gehen. Dann hätten wir die Klette. Unangenehm ist so was. Besser gleich die Geschichte aushandeln. Ruhig mehr bezahlen. Das ist der Preis für Dämonen.

Auf so eine Art Reaktion wartete der Ohrenkratzer. Aber ich wartete besser, denn Warten ist eines der Dinge, die ich gut kann.

Ich war dann auch richtig überrascht, wie schnell er aufgab. Er fing wieder an. Fünfzig Rupien, letztes Wort. Dann sind wir auseinander. Jetzt hatte ich ihn, und er wußte es. Ich sagte: »Fünfundzwanzig«, und er sagte: »*Give me.*«

Dummerweise hatte ich kein Geld dabei. »*No problem*«, dann wird er eben zu unserem Haus kommen. Ist ja nicht weit vom Strand entfernt. Trotzdem fühlte er sich unwohl. Im Dorf wird er nicht gern gesehen. *Troublemaker.* So war es dann auch. Wir erreichten das Haus, in dem wir mit dem Lloyd's-Mann lebten, und auf der Veranda hielten sich unsere Gastgeber auf. Fast die gesamte Familie. Die drahtige kleine Mutter, jede Menge hübsche Töchter und ein paar Söhne. Der Vater nicht, er arbeitete bei den Saudis am Golf. Frauen werden zu Tigerinnen, wenn sie es gelernt haben, sich allein durchzusetzen, und der

Ohrenputzer kann sich glücklich schätzen, daß er ohne Schläge davonkam. Ich gab ihm zehn Rupien.

25. 12., abends
Immer noch sehr stoned, und immer noch Sonntag. Mirta hat ein Bild gemalt. Man sieht ein paar Palmen, Sand und den blauen Rand vom Meer. Man sieht mich von hinten. Blond, mit meiner neuen weißen Hose und einem uralten weißen Hippiehemd. Man sieht Mirta, die hinter mir geht, in ihrem grünschwarz gestreiften Kleid, das so gut zu ihren schwarzen Haaren paßt. An dem Kleid klebt Blut.

Und die Geschichte dazu geht so:

Wir hatten einen kleinen Spaziergang gemacht, waren aber vom Regen überrascht worden, und als wir zurückkamen, lud mich Derek zum Tee ein. Derek ist wirklich ein ganz feiner Engländer. Er sieht dem jungen Gandhi (dem indischen) sehr ähnlich. Seine Haare sind auf einen Zentimeter runtergeschnitten, er trägt eine große runde Nickelbrille, kurze Hosen und Sandalen. Er fühlt sich ein wenig zu der Familie des Hauses gehörig. Er ist schon das dritte Mal bei ihr zu Gast und betrachtet die hübschen Töchter nicht nur mit Wohlgefallen, er scherzt sogar mit ihnen. Ich denke, er wird mal eine von ihnen heiraten.

»Ich fürchte, ich habe keinen Zucker«, sagte er, als der Tee fertig war.

Unsere Unterhaltung drehte sich vornehmlich um das Fußballspiel, das gestern im Nachbardorf ausgetragen worden war. Ein international besetztes Team der Goa-Freaks gegen eine indische Auswahl. Die Teams waren leicht zu unterscheiden. Die Westler kickten mit Turnschuhen, die Inder bolzten barfuß. »Das ist besser für die Inder«, sagte Derek. »So können sie nicht über ihre Schnürbänder stolpern.« Dann kamen wir nahtlos vom Fußball auf die Problematik zu sprechen, der sich ein

Angehöriger der Kolonialmacht Großbritannien ausgesetzt sieht, wenn er in das Land reist, in dem seine Großväter das Eisenbahnnetz erbaut haben. Und natürlich sprachen wir über das Wetter. Seit gestern regnete es hin und wieder, worüber sich Derek sehr wunderte. Regen um Weihnachten würde es in Goa eigentlich gar nicht geben. Ob ich gehört hätte, was die Hindus dazu meinten? »*Die Christen haben schlechtes Karma.*«

Wie dem auch sei. Wir rauchten den zweiten Christmas-Joint, und ich flog wieder auf und davon. Ich bin anscheinend nichts Gutes mehr gewöhnt. Das Dope in Goa ist viel stärker als zu Haus. Das Kerala-Gras geht richtig zur Sache, das heißt, ich stehe jedesmal vor derselben Fragen: Soll ich jetzt einsteigen in diesen Zug, der in eine andere Welt fährt, oder warte ich besser ein wenig? Habe ich die Organisation meiner Obliegenheiten bereits so im Griff, um alles wieder vergessen zu können? Und drittens: Ist die indische Polizei wirklich so korrupt, wie es erzählt wird?

Jedenfalls ist das Gras hier für Überraschungen gut, und so war es heute nachmittag, als wir den dritten Christmas-Joint geraucht hatten. Der fegte mir wie ein Taifun in den Kopf, und ich flüchtete in unser Zimmer. Es war alles ein bißchen zuviel. Ich kam total mit meinem Selbstverständnis durcheinander. *Tourist? Imperialistischer Journalist?! Kulturaffe! Drogenfreak! Ach du meine Güte!!*

Ich stellte mich ans Fenster, zog die Gardine ein wenig zur Seite und schaute durch den Spalt nach draußen. Die zur Zeit sicherste Art, Indien zu betrachten. Die Mutter saß auf den Stufen der Veranda und redete mit ihren Söhnen. Sie hatte sich ihre Haare zu einem Zopf gebunden und trug ein blaues Kleid mit großen Blumen darauf. Die Hausmauer war eigenartig türkis, und auf dem Dorfplatz spielten Kinder zwischen den Palmen Kricket. Dann zeigte mir Mirta ihr Bild. Sie hatte nach dem Spaziergang damit begonnen. »Weißt du, ich habe nicht sofort mit dir darüber gesprochen«, sagte sie, »aber bei dem Spaziergang ist viel passiert. Ich ging hinter dir her und fühlte mich wie eine Hure. Ich weiß nicht, warum, aber ich fühlte mich durch und durch sündig, und ich glaubte, jeder im Dorf wüßte das. Du kamst mir wie ein Engel vor, und ich folgte dir. Dann zu Hause, als du mit Derek auf der Veranda geredet hast, habe ich mein Horoskop von Gandhi noch einmal gelesen. Eine Stelle darin ist mir aufgefallen. Soll ich dir die Stelle zeigen?« Ich bejahte, sie holte das Horoskop.

Jedes von Gandhi erstellte Horoskop beginnt mit einem mythischen Bild. Diese seien, wie Gandhi sagt, am besten assoziativ zu verstehen. Ein unbedingtes Verstehenwollen sei dem Verständnis eher hinderlich. Es gibt ein Bild zur Mondstellung und eines zum Aszendenten. Mirtas Bild zur Mondstellung zeigt einen Mann, der in einem kleinen Boot den Ozean überquert, um Ornamente für seine Frau zu holen. Er hat eine Schlange um seinen Körper gewunden. Er hat ein flaches Gesicht, und er trägt selber Ornamente aus Gold. Ihr Bild zum Aszendenten zeigt eine schwarzweiße Frau, die bezaubernd und weise ist. Sie ist feucht von ihrer Regel und trägt schmutzige Kleider. Sie denkt an saubere Kleidung, und, ein Kind begehrend, hat sie Verkehr mit dem Mann, den sie liebt.

»Und weißt du«, sagte Mirta, »das Kleid, das ich während unseres Spazierganges angehabt habe, das grünschwarze, war wirklich blutig von meiner Regel. Ich habe es erst bemerkt, als wir zurückkamen.«

26. 12. 1983, morgens
In der Nacht lagen wir eng aneinander. Irgendwann spielten wir in der Dunkelheit mit unseren Fingern, und für mich war es wie ein Zungenkuß. Ich ließ über diese harmlosen Berührungen

meine ganze Leidenschaft fließen, meine Hitze, meine Energien. Ich mochte mit ihr noch nicht darüber reden. Dafür war es zu zart. Aber die Liebe macht jetzt Umwege, weil die direkten Wege verbarrikadiert sind.

Donnerstag, 29. 12. 1983
Heute haben wir einen Krimi zu lösen. Mirta und ich. Aber eigentlich ist es mein Fall. Es begann damit, daß ich aufwachte und wußte, heute das Bett nicht verlassen zu wollen. Ich hatte auch einen Grund dafür. Eine Chai-Vergiftung. Die hatte ich mir gestern geholt, und gestern begann ich nach der rechten Medizin zu suchen. Ich fand sie auf dem Flohmarkt in Adjuna. Das ist ein ganz wundersamer, bunter Basar am Strand. Wahrscheinlich der einzige auf der Welt, auf dem die Touristen den Einheimischen was verkaufen. Natürlich sind diese Freaks in Adjuna keine Touristen mehr. Jedenfalls fühlen sie sich nicht so. Sie glauben, daß ihnen Goa gehöre. Sie nennen die Inder nur »*the locals*« und behandeln sie wie preisgünstiges Dienstpersonal. Den Indern ist das recht, da sie den Westlern exakt das Doppelte des Landesüblichen für ihre Dienste abnehmen. Man liebt sich nicht, aber man weiß sich zu schätzen.

In Adjuna aber geht es umgekehrt. Die Freaks verkaufen an die Inder. Irgendwann einmal ist nämlich jeder dieser Leute, die monate- und jahrelang in Goa leben, pleite. Dann verkaufen sie ihren aus dem Westen mitgebrachten Luxus. Und darauf sind die Inder total wild. Walkman, Uhren, Taschenrechner, tragbare Fernseher, Whisky, das alles kostet in Indien nicht nur Unsummen, sondern gibt es auch meist überhaupt nicht. Indien bemüht sich (und das finde ich gut), diesen ganzen Kram im eigenen Land zu produzieren und nichts zu importieren. Eigene Autos, eigene Zahnpasta, eigene Atombombe. Die Inder haben für diesen Drang zur wirtschaftlichen Unabhängigkeit gute

Gründe, aber nervig ist es doch, daß alles, was sie produzieren, drei Klassen schlechter als westliche Ware ist. Kauf dir in Indien Schokolade, und wirf sie weg. Sie schmeckt staubig und alt, und hart ist sie auch. Kauf dir in Indien Batterien für einen Walkman oder einen Blitz, und du brauchst nach einem halben Tag neue. Und indische Autos! Da sind bei uns fünfzehn Jahre alte Daimler noch besser als deren fabrikneue *Ambassadors*. Darum sind die »*locals*« so heiß auf den Flohmarkt von Adjuna, der inzwischen zu einer festen Einrichtung geworden ist und zu dem selbst Schwarzmarkthändler aus Bombay anreisen. Außerdem verkaufen Alt-Goa-Freaks an Neu-Goa-Freaks. Selbstgebackenes Brot zum Beispiel oder Psilocybin aus den Bergen. Und die Neu-Goa-Freaks verkaufen hochempfindliche Dia-Filme aus der Heimat, die in Indien ein Schweinegeld kosten. Auf diesem Flohmarkt sah ich viel. Eine Hippie-Oma, so an die fünfzig Jahre alt. Sie trug ein rotes folkloristisches Kleid, und sie fragte ohne Unterlaß einen Mann, der neben ihr stand, ob denn dieses Kleid nicht wirklich schön sei. Sie hätte auch die Palmen fragen können. Sie stand verloren in dem wüsten bunten Getümmel und zupfte an ihrem Kleid.

Ich sah jede Menge schöne Frauen, leicht und luftig bekleidet, mit viel Phantasie und Mut zur modischen Eigenständigkeit, und ich sah ein paar West-Sadhus, wonach mir schlagartig die Lust verging, so einem auch nur ähnlich zu sehen. Es waren schlicht ausgeflippte Typen, crazy, dumm, völlig daneben. Zehn Jahre Indien, vollgepumpt mit Dope. Einer dieser Jungs, er hatte blonde, lockige Haare, trötete unverdrossen auf einer Art Muschel herum. So wie Shiva oder was weiß ich. Er trug nur ein Lendentuch, und er sah schmutzig und heruntergekommen aus. Nein, dachte ich, Sauberkeit ist wichtig. Sauberkeit ist ein Zeichen dafür, daß man die Reinheit liebt, das klare Leben. Bewußtsein steckt dahinter. *Bewußtes Sein.*

Ich sah eigentlich nur einen wirklich starken Typen. Dreißig Sekunden lang vielleicht. Er ging an mir vorbei. Barfuß. Darüber eine schwarze Hose, dann ein orangefarbiges ärmelloses T-Shirt, und dann begann der Bart. Ein gewaltiger, fast weißer Vollbart und lange, fast weiße Haare. Sein Gesicht war braun und hatte lange Falten. Er konnte vierzig Jahre alt sein, aber auch fünfzig oder sechzig. Sein Alter war einfach nicht genau zu bestimmen. Ich schaute ihm nur für Sekunden in die Augen, aber ich sah eine Wärme darin, eine Leichtigkeit, die mir den Tag rettete.

Auch den kleinen afghanischen Dealer vom Boot traf ich wieder. Stoned wie ein russisches Maschinengewehr war er, durch dessen Lauf man Opium geraucht hatte, und er freute sich fast zu Schanden, als er mich sah. Er schenkte mir sofort ein Stück pechschwarzes Haschisch. Ich gab ihm dafür eine Massage. Er lud mich und Mirta in sein Haus ein, aber Mirta hatte keinen Bock darauf. Sie konnte sich nicht »für ihn öffnen«, das heißt, sie sah bei ihm nur diesen wahnwitzigen Grad der Zerstörung und Verwirrung und wollte sich davor schützen. Ich wollte ihm wirklich gerne helfen, ihm ein paar Energien reinschieben, denn das konnte er gebrauchen. Aber ich wollte auch nicht eine Nacht ohne Mirta sein. Als ich ihm dann sagte, daß wir nach Hause gehen würden, und als er begriff, daß ich nicht sein Zuhause meinte, war der Afghane schockiert.

Er hatte geglaubt, in mir einen Freund zu finden. Das ist viel für einen jungen Afghanen. »Ihr seid für diese Nacht meine Gäste«, hatte er gesagt, und mein Nein traf ihn völlig unvorbereitet. Es fiel ihm schwer, die Fassung zu behalten. Ich befürchtete fast, er würde umfallen, so sehr schaukelte er, als er aufstand und davonging. Er hatte eben alles, was es an Drogen gibt, bei sich zu Hause. Wir hätten Opium rauchen, Kokain schnupfen, Heroin drücken, LSD schlucken und zwischendurch jede Menge Ganga rauchen können, und es war ganz richtig von Mirta, mir so eine Nacht zu vermasseln.

Dann trafen wir noch Andrea, die sich mit einem braungebrannten, schwarzhaarigen Münchner angefreundet hatte, und der schenkte mir zu dem Stück aus Afghanistan noch ein gutes *piece* schwarzen Soundso, und dieser schwarze Soundso sei der beste weit und breit, sei die »*cream*«, wenn auch nicht die »Crème de la Crème«.

So, meine Medizin hatte ich also gefunden. Schwarzes Haschisch ist ein altes orientalisches Heilmittel gegen alle Arten von Chai-Vergiftungen, das wußte ich schon lange. Das richtige Dope zum richtigen Zeitpunkt in der richtigen Dosierung einzunehmen, das ist die Kunst, die keiner beherrscht. Dann rauchte ich das Zeug nach dem Frühstück zusammen mit dem Engländer und Mirta, und wir hörten aus den Boxen unserer Gastgeber ein Tape, das man Derek aus London geschickt hatte. John McLaughlin, Paco de Lucia und Al Di Meola. Das Ganze wurde so intensiv, daß ich wieder einmal gedachte, mich in unser Zimmer zurückzuziehen, und genau hier beginnt der Krimi.

Auf dem Weg in das Zimmer trat ich fast in eine Rasierklinge. Sie lag etwa zwanzig Zentimeter hinter der Tür. Ich hob sie auf, setzte mich an das Fenster und kam ins Denken. Die ist absichtlich hingelegt worden, dachte ich. Das waren die Inder! Aber warum? Bisher sieht es so aus, als ob sie uns mögen. Die hübschen Töchter des Hauses mögen mich ohne jeden Zweifel. Mirta verstieg sich ja erst gestern zu der Annahme, die Mutter wolle mich mit ihrer Ältesten verkuppeln. Also sollte vielleicht nicht ich, sondern Mirta in die Klinge treten? Dann wäre sie aus dem Weg ... Einfältige Logik. Natürlich würde ich mit Mirta abreisen – aber warum abreisen? Wir würden länger bleiben, um ihren Fuß zu kurieren. Nein, ich glaube, absichtlich hat keiner die Rasierklinge fallen lassen. Bleibt nur ein Versehen. Ja! Man hat sie verloren. Allerdings ... sie lag ein wenig zu weit innerhalb unseres Raumes, als daß man sie auf dem Weg durch den Flur hätte verlieren können. Wenn also jemand die Rasierklinge verloren hat, dann muß er dabei in unserem Zimmer gewesen sein. Aber was wollte dieser Jemand in unserem Zimmer? Wozu brauchte er eine Rasierklinge? Was ist denn Slivka passiert, auf dem Schiff nach Goa? Sie haben ihr die Reisetasche mit einer Rasierklinge aufgeschlitzt und das gesamte Bargeld geklaut. Mein Gott, ich denke, ich sollte mal nach unserem Geld sehen.

1. 1. 1984
»*Happy new year*«, hatte der kleine Rajastani zu mir gesagt, während er mir mit einer glimmernden Körperfarbe ein Mal auf die Stirn malte. Er war wie ein Beduinenscheich gekleidet, besser gesagt, wie ein rajastanischer Fürst. Er trug einen roten Turban und lange Gewänder. Sein Freund sah genauso aus, nur daß der aus Wien stammte.

Sie hatten einen Teppich auf der Wiese ausgebreitet, am Rand des Platzes, auf dem die Party tobte. Die große Silvesterparty zählt wie der Flohmarkt in Adjuna zu den traditionellen Einrichtungen, die die Hippies vor langen Jahren in Goa eingeführt haben. Die Sache war leider ziemlich heruntergekommen. Wieder waren Busladungen mit Bombay-Babas eigens zu diesem Termin vorgefahren. Sie wollten Hippiemädchen sehen.

Der Platz, etwa so groß wie ein Fußballfeld, war brechend voll. Mitten in dem Getümmel sahen wir dann die beiden rajastanischen Fürstensöhne auf dem Teppich sitzen. Sie hatten ein Öllämpchen vor sich gestellt, und ein sanfter Feuerschein fiel auf ihre Gesichter. Ich glaube, ich fragte sie, ob einer von ihnen Zigarettenpapier dabeihabe, und sie luden uns ein, bei ihnen Platz zu nehmen. Es hätte schön werden können, wären da nicht diese Inder gewesen, die zu zweit, zu dritt, zu viert oder manchmal auch als ganze Reisegruppe sich etwa zwei Meter vor uns aufbauten und uns anstarrten. Manchmal zeigte einer von ihnen mit dem Finger auf etwas, das ihm besonders an uns auffiel, sie staunten, lachten und schimpften, und ich kam mir vor wie im Zoo. Nur, daß ich hier der Affe war. Also verließen wir die Jungs aus Rajastan und gingen zur Bühne rüber. Eine Band bemühte sich dort nach Kräften, ihre Anlage in Gang zu bekommen. Die Bühne stand direkt neben einem Haus. Wir kletterten auf die Veranda, weil wir dort die Musiker vermuteten. So war es dann auch. Wir trafen Uwe, den Embryo-Mann, und Slivka, die Mutter seiner Tochter, wir trafen Gerald, einen Münchner Gitarristen, der alte Daimler nach Nepal schmuggelt, und wir trafen die Angst.

Wir hatten schon eine Weile auf der Veranda gestanden, ein bißchen was geraucht, ein bißchen was getrunken, da kam ich auf die Idee, mal nach unten zu schauen, was die Massen so treiben. Denn wir lehnten an der Hauswand, und auf dem Geländer der Veranda saßen die Leute wie die Hühner, und so sahen wir von dem Rest der Party eine ganze Zeit lang nichts. Ich schaute also hinunter und war einigermaßen erschrocken. Da waren Tausende von Indern, die alle zuviel getrunken hatten, und sie schrien und pfiffen und tobten, weil ihnen die Musik nicht gefiel. Die Band hatte inzwischen zu spielen begonnen. Es handelte sich um eine Beach-Band – Musiker, die zu Hause irgendeinem ehrlichen Beruf nachgehen und die dann am Strand von Goa endlose Nächte improvisieren müssen.

Wenn so eine Band plötzlich auf einer Bühne steht, dann fallen ihr höchstens noch zwei Stücke ein, und das soll dann reichen für den Gig. Die Inder, sowieso schon frustriert von der Tatsache, daß kaum Hippiemädchen zu sehen waren, brüllten den Endlos-Reggae nieder.

Ich bekam es mit der Angst zu tun, was aber nicht weiter schlimm ist.

In den letzten Jahren hatte ich mich bewußt und absichtlich in viele Situationen begeben, die mir angst machten. Ich brauchte das. Ich ging dann wieder zu Mirta und sagte ihr mit einem schiefen Lachen, daß sie doch auch mal einen Blick nach unten werfen solle, die Inder seien nämlich etwas reichlich lustig drauf. Sie tat es und war zu Tode erschrocken. Ich verstand im selben Moment, daß es für eine Frau etwas anderes ist, wenn sie unter sich eine Horde betrunkener, schreiender Männer sieht, und auch ich fing an, mir ernsthaft Sorgen zu machen. Inder können lieb sein, aber sie können, wenn die Emotionen hochkochen, schnell ausrasten. Vor allem in der Masse. Dann metzeln sie los. Außerdem waren sie mir fremd. Ich war ja erst knapp eine Woche in ihrem Land. Ich wußte noch nichts von ihnen, außer das, was ich über sie gelesen hatte. Aber das ist nichts. Das hilft keinen Deut. Nein, ich war in einem fremden Land, sehr fern der Heimat, mit einem sehr schönen Mädchen, und die da unten wollten nichts anderes als so ein Mädchen, und vielleicht würden sie in einer halben Stunde völlig durchdrehen.

Es war eine schwierige Situation.

Unser ruhiges Zimmer lag etwa fünfzehn Kilometer weit entfernt, und jetzt ein Taxi zu bekommen, konnte man getrost vergessen. Ich hatte das nach dem Flohmarkt schon einmal versucht. Bei indischen Massenveranstaltungen muß man sich um ein Taxi kloppen, und das kann ich nicht.

Und um überhaupt den Platz verlassen zu können, mußten wir durch diese brodelnde Masse gehen. Mitten durch. »Ich glaube, wir sollten uns mal in den Arm nehmen«, sagte ich zu Mirta, die ganz steif neben mir stand, und dann preßten wir uns ganz fest aneinander. Mir tat das unheimlich gut. Ich fühlte zum erstenmal seit Monaten die Barrieren nicht mehr. Der Bann schien für einen Moment von uns genommen. Wir konnten uns vertrauen, wir konnten uns aufeinander verlassen. Wir hielten zusammen.

3. 1. 1984
Ich saß am Meer heute abend. Ich sah über das Wasser in den Himmel. Am Strand war nicht viel los. Ein paar Inder schlichen vorbei. Ich fühlte große Ruhe und Erregung gleichzeitig. Einer dieser seltenen Augenblicke, in denen ich spüre, daß das Leben mit mir reden will. Alle guten Geister waren mit mir, alle waren gut drauf, alle freuten sich, daß ich wieder bei ihnen saß. Ich liebte es, es floß durch meine Adern wie Licht, es gab mir die Gewißheit, alles zu schaffen, was geschafft werden muß.

So saß ich am Strand und sah die Sonne. Die helle, strahlende Sonne über dem Arabischen Meer, und ich dachte: Vater, o Vater. Aber dann dachte ich: Vater? Wieso nennst du die Sonne Vater? Warum redest du wie ein Kind? Noch immer ein Kind? Es gab eine Zeit, da hast du auch Gott so genannt. Weißt du noch? Vater, gib mir Freiheit. Vater, laß mich fliegen. Aber dieser Vater ist nur ein Bild für das, was du wirklich meinst. Du machst dir Bilder, mein Freund. Du zerrst das große Geheimnis ins Kinderzimmer. Religiös bist du schon immer gewesen. Das hast du von deinen Großeltern mütterlicherseits. Dein Großvater war ein frommer Mann. Als Postbote radelte er über Land, um den Bauern die Post zu bringen. Aus irgendeinem Grund erfuhr er vor vielen anderen, wenn die Nazis wieder mal einen Juden aus der Umgebung fangen wollten. Und dann radelte er mit seinem Postsack zu diesen Leuten und warnte sie. Er war ein sehr stiller Mann, der nicht viel redete, und als er schließlich starb, sagte er nur: »Vater, endlich komme ich heim.« Aber Gott ist nur ein symbolischer Vater, genauso wie er nur ein symbolischer Liebhaber sein kann, oder an was sonst die Menschen denken, wenn sie das Höchste anbeten. Du bist in diesen Bildern gefangen wie eine Fliege im Spinnennetz, deshalb kommst du nicht weiter. Vergiß doch mal die Teddybären aus dem Kinderzimmer, die Wahrheit ist viel besser. *Gott ist Energie.* Nichts weiter. Eine wahnwitzige, unerklärliche Energie. Es war immer nur Energie, wenn du hinter deinen Augen Licht gesehen hast, Energie, wenn das Blut dir heiß wurde, wenn Rock 'n' Roll dir das Rückgrat rauf- und runterjagte. Hör auf, einen Vater anzurufen. *Du bist kein hilfloses Kind, du bist ein Teil der Energie.*

Ich sah in die Sonne, und plötzlich hatte sie nichts Väterliches mehr für mich. Wie ein Kristall stand sie am Himmel und strahlte, strahlte, strahlte.

4. 1. 1984

»Om Shankar Tea Shop« heißt die Hütte in der Bucht von Arambol, dem schönsten Strand Goas. Über die Farben, die die untergehende Sonne über das Meer gemalt hat, habe ich eben noch mit Mirta Vermutungen angestellt. »Schwer zu beschreiben«, meinte sie. Man komme schnell auf Gold, aber das stimme nicht ganz. Goldbronze schon eher. Ja, ein goldbronzener Streifen über dem Meer, und darüber, das sei Rosarot, dann Kupferrot, und Wolken seien da auch noch. Ein starkes Weiß mit einem mächtigen Blaugrau darüber, und zwischen den Wolken könne man die Drachen sehen, die Feuer spuckten. Jedenfalls wurde sie dann rot, die Sonne, wahnsinnig rot, und wir gingen rein in die »Om Shankar«-Hütte, rechts in der Bucht, unweit der schwarzen Felsen, die wie verwitterte Buddhastatuen über das Meer blickten.

In der Hütte ist alles übersüß. Die Luft ist voll mit Düften, und Mirta behauptete eben sogar, sie rieche frischen Obstsalat mit Sahne, und das, obwohl ihre Nase seit gestern wieder dicht ist.

Das Honigmüsli kommt ...

Das Müsli ist weg. Es war voller Früchte und mit Kokosnußscheiben garniert, und ich fragte mich, was wohl der Grund dafür sei, daß ich sofort darüber spekuliert hatte, wie gut es sich über das Müsli schreiben läßt. Als Anfang einer Geschichte oder als lustiges Teileelement, mit dem ich die Speisekarte und die Art der Gäste gleichzeitig schildern könnte. Denn was hier auf der Speisekarte steht, das sind Leckereien für Kiffer. Hier wird soviel gekifft, daß der Rauch wie eine Nebelwand aufsteigen müßte, wie eine gigantische Rauchsäule bis hin zum Mars. Aber warum kann ich nicht einfach nur aufnehmen, und damit gut? Warum immer gleich alle Erfahrungen abgrenzen, durch Auswertung und Produktion? Das hält mich fest.

Gerade schaute ein heruntergekommener Sarottimohr zur Hütte herein, dann war er auch schon wieder weg. Aber er hat mich auf andere Gedanken gebracht.

»Wir haben das Orwell-Jahr, Mirta. 1984, der Große Bruder ist da.«

Mirta interessierte das nicht. Es ärgerte sie, daß sie immer »tierisch an den Händen schwitzt«. Ob das vom Haschisch komme? Es kommt vom Haschisch. Cannabis treibt den Kreislauf in die Höhe. Bei einigen. Bei anderen macht es ruhig. Im »Om Shankar Tea Shop« sind die meisten Leute ruhig. Sehr ruhig. Man sieht da nichts mehr in ihren Gesichtern, was irgendwie an Leben erinnert. Ihre Augen sind hohl, wenn das Bild gestattet ist. Sie haben einen Fehler gemacht, diese Leute hier. Sie haben sich mit *brown sugar* eingelassen. Und mit weißem. Die meisten sind Franzosen. Es wird gesagt, daß es die Franzosen sind, die in Goa die linken Deals abziehen und dir eins über den Schädel geben, wenn du nachts allein am Strand spazierengehst. Mirta hält das für ein übles Vorurteil, und sie regt sich in schöner Regelmäßigkeit auf, wenn ich über Franzosen rede.

Aber es ist, wie es ist. In Frankreich herrschen ganz brutale Sitten, was die Behandlung von Drogensüchtigen angeht. Dagegen sind die westdeutschen Behörden geradezu liberal. Ein Franzose, der sich in Goa heruntergefixt hat, kann nicht mehr zurück. Zu Hause erwarten ihn Knast oder Entziehungsanstalten, die schlimmer sind als Knast. Er kann nicht mehr zurück, und er muß irgendwie überleben. Dann gibt es auch noch eine Menge ehemaliger Fremdenlegionäre, die aus Algerien nach Indien gekommen sind. Sie sehen so aus wie alle Goa-Freaks. Lange Haare, Bärte, braun. Du kannst sie von den Harmlosen nicht unterscheiden. Du kriegst erst mit, wer sie sind, wenn sie ausrasten. Nur, dann ist es zu spät. Im vergangenen Jahr, so erzählte man mir, habe einer drei Leute mit dem Beil enthauptet. Im LSD-Rausch natürlich. Er soll eigentlich ein ganz umgänglicher Mensch gewesen sein, aber dann hat er diese Monster gesehen.

Goa, 6. 1. 1984
Hier in Goa, in Baga Beach, auf der Veranda unseres Strandhauses, im gleißenden Licht der Mittagssonne, im Angesicht schweigender Palmen, werte ich schon die Suche nach dem Kugelschreiber als eine literarische Leistung.

Der Kugelschreiber, um den Faden nicht zu verlieren, riecht gut. Er ist aus Sandelholz. Früher trug ich Sandelholzketten mit einem roten Wipfel dran, aber dann gab es sie in Deutschland aus irgendeinem Grund nicht mehr. Vor ein paar Tagen habe ich mir sogar ein Schachspiel gekauft, dessen weiße Figuren aus Sandelholz geschnitzt sind. Die schwarzen sind aus Rosenholz. Das hat zur Folge, daß ich mir während eines Spieles öfters mal einen Bauern in die Nase stecke.

Am meisten spiele ich hier mit einem Berliner Frührentner. Einem intelligenten, etwa fünfzigjährigen, schlitzohrigen Anarchisten. Der redet wie ein Wasserfall, und seine Einstiegsprosa hat Mirta heimlich mitgeschrieben.

»Also, ihr seid ja ganz schön braun, wa. Liegt lange am Strand, wa. Ich bin ja bloß im Schnitt so zwei Stunden da. Am Anfang sogar nur zehn Minuten, wa. Na ja, einmal hat's mir die halbe Fresse verbrannt. Das war in Marokko. Da lag ich am Strand, eingeölt wie 'ne Sardine, aber ohne Büchse, wa. Über das Gesicht hatte ich mir 'n Handtuch gelegt. Aber ich bin eingeschlafen. In meinem Alter passiert das leicht. Da war so 'n leichter Wind, der hat mir das Handtuch vom Gesicht geweht, und weil das 'n kühler Wind war, habe ich's nicht geschnallt, wa. Da hat dann die Sonne draufgebrüllt, wa, von elf bis so um eins, und dann habe ich ausgesehn wie Frankensteins Katze, wa, da lag ein Nerv frei, wa, das hat weh getan, daß ich geheult habe, und die Tränen taten auch noch weh, wa. Drei Wochen konnte ich nur noch im Schatten liegen. Aber das darf man alles nicht so eng sehen, wa. Übrigens, entschuldigt, daß ich geboren bin, kommt nicht wieder vor, wa.«

Das war der Berliner, und dann habe ich es noch mit den Schweinchen, die hier zum Haus gehören. Es ist eine zehnköpfige Familie. Eine Muttersau, ein schüchterner Eber und acht kleine, süße Ferkel, die sofort mein Herz erobert haben. Es sind so schnuckelige, putzige, rosige Schweinchen, daß ich sie unentwegt drücken und herzen könnte. Heute kam mir zum erstenmal ernsthaft die Frage, wie das wohl zu bewerkstelligen sei, eines dieser Schweinchen wenigstens einmal an die Brust zu pressen.

Leicht ist das nicht. Die Ferkel sind schlau und auf ihren kurzen Beinchen ungeheuer flink. Aber, so dachte ich, mit der Kunst des Anschleichens müßte es klappen. Lautlos durch den

Sand robben, immer wieder anhalten, tief meditieren, die Welt atmen spüren, den Ozean singen hören, kurz: *saugute Vibes* ausstrahlen. Der Glaube an die Existenz und an die Wirkungen von Vibrationen mag ja nicht von allen geteilt werden, aber mir erscheint das tatsächlich als die einzige Möglichkeit, an so ein Ferkel heranzukommen.

Die Schweine sind übrigens die Müllabfuhr hier. Und sie fressen nicht nur die Küchenabfälle, die man ihnen in den Sand wirft, sie fressen auch die menschliche Scheiße. Das ist eine starke Erfahrung. Eigens für die Schweine läßt man hier ein Loch in der Rückwand des Toilettenhäuschens, und noch während man da hockt, in der heißen Sonne, in der süßen Luft, und sich auskackt, grunzt es unter einem, und eine gestandene Muttersau schleckt die besten Brocken weg. Wenn sie satt ist, kommen die Kleinen und erledigen den Rest. Die schmatzen so schön und schnüffeln so gierig, und man gibt ihnen gerne. Davon werden sie dick und fett und landen irgendwann in der Pfanne, und ihre Nachkommen verspeisen dann wieder den Teil ihrer Vorfahren, den der Mensch als unbrauchbar ausgeschieden hat, und das Ganze nenne ich ein durch und durch geniales Recycling.

Goa, den 7. 1. 1984

Wie schon gesagt, die Suche nach dem Kugelschreiber ist bereits Literatur, und ich will noch einmal zu meinem Vorhaben zurückkommen. Ich saß da also und überlegte, wie ich mich möglichst lautlos an eines dieser Ferkel heranschleichen könnte, da fiel mir auf, was hier alles im Sand liegt, durch den ich zu robben gedachte: scharfkantige Muscheln, abgebrannte Beedies, Zigarettenfilter, Tomaten (vergammelte zumeist), spitze Steine und, als so eine Art psychische Tretmine, ein gebrauchter Pariser. Der liegt direkt vor unserer Veranda, und ich schütte ihn täglich mindestens einmal mit Sand zu. In der Hinsicht bin ich verkorkst.

Aber der Pariser kommt immer wieder.

An sich findet man in Indien selten Pariser. Man findet dafür um so mehr Kinder. In Goa geht es ja noch. Aber schon auf dem Weg nach Goa und um Goa herum wird man geradezu erschlagen von diesen aberwitzigen Abermillionen Kindern, die aus den Hütten und Höfen auf die Straße quellen. Eigentlich liebe ich Kinder. Es sind die Edelsteine des Lebens, und ich habe selber drei. Aber die Inder übertreiben es entschieden. Die meisten Probleme dieses Riesenlandes resultieren aus der Überbevölkerung, und Indira Gandhi versuchte jahrzehntelang, ihren Landsleuten das kontrollierte Ficken beizubringen.

Die Hindus, so hörte ich, würden zwar langsam einsichtig und fänden zwei Kinder pro Ehepaar gar nicht so verkehrt, jedoch zögen die Moslems nicht mit. Die produzieren weiter acht bis zehn Kinder pro Haushalt, und da haben die Hindus mächtig Schiß, daß sie in etwa zehn Jahren durch die Geburtenkontrolle zu einer Minderheit geworden sind und es die Moslems auf diesem hinterhältigen Wege doch noch schaffen, den Subkontinent unter ihren Schleier zu zerren. Aber darauf haben die Hindus nun gar keinen Bock. Der Islam ist ihnen bei weitem zu humorlos, was ich ja verstehen kann, und deshalb müssen sie sich beim Kindermachen ranhalten. 730 Millionen Menschen leben derzeit in Indien, in knapp zwanzig Jahren haben sie die erste Milliarde geschafft.

Ist das nicht der helle Wahnsinn?

Goa, den 8. 1. 1984
Gestern kam ich auf den Wahnsinn zu sprechen.

Damit will ich heute fortfahren.

Ich saß auf der Veranda, eng an die Hausmauer gepreßt. Es

war Mittag. Die Sonne brüllte auf meine Haut und füllte die linke Hälfte der Veranda mit gleißendem Licht.

Ich saß in der Sonne und schaute auf eine Stranddüne. Auf der Düne wächst zwischen zwei Palmengruppen ein dichtes grünes Gestrüpp. Alles in allem ist es vielleicht drei Meter breit und einen Meter hoch. Und plötzlich verwandelte es sich vor meinen Augen in ein urweltliches Reptil, das in der Sonne döst. So einfach ist das, wenn man gutes Haschisch hat, und ich dachte mir, wenn das so einfach mit der Düne geht, warum soll ich es dann nicht auch mit der kleinen Strandkapelle versuchen? Die ist etwa so groß wie ein Toilettenhäuschen und schläft dreißig Schritte von unserem Haus entfernt. Die Portugiesen haben sie in den Sand gesetzt. Sie ist nicht mehr in Betrieb. Ihre Tür ist immer verschlossen. Nur nachts brennen manchmal Kerzen davor.

Die Tür ist blau, und der Rest der Kapelle ist weiß. In der Mittagssonne strahlend weiß. Sie hat auf dem Dach ein einfaches, eher orientalisches Relief und kleine spitze Türme. Ich hatte bereits einige Male mit dem Gedanken gespielt, daß diese Strandkapelle der *Palast der gläsernen Schwäne* sein könnte. Um diese These weiterzuführen, bemühte ich meine Phantasie. Ich veränderte die Wahrnehmung.

Ein einfacher Trick. Ich stellte mir vor, die Entfernung zu der Kapelle sei nicht dreißig, sondern dreißigtausend Schritte. Das vergrößerte mir die kleine Kirche um das Tausendfache. Da stand er nun, der weißglänzende Palast, und ich sah ihn aus der Ferne über die Weiten der Wüste, und die Dünen, die zwischen unserem Haus und dem Meer liegen, wurden zu Gebirgsketten am Horizont.

So, dachte ich, nun kann die Geschichte beginnen, können die Bettler und Brahmanen, die Räuber und Karawanen auflaufen. Aber die Palmen, diese hohen Bäume, störten meine Phantasie. Die paßten einfach nicht in die Proportionen hinein. Und plötzlich wurde mir bewußt, daß ich mich reichlich blöde abrackerte, um Phantasie zu produzieren. Aber die Phantasie zu bemühen macht keinen Spaß. Sie kommt freiwillig, oder sie bleibt, wo sie ist. Das, was ich da mit der Kapelle versucht hatte, war ein lausiger Trick. Eine von der Vernunft geschaffene Phantasie. Logik auf Krücken. Ein Krüppel, der nicht weiß, was er mit den Palmen anfangen soll. Dabei ist die Wirklichkeit phantastischer als alles, was ich mir ausdenken kann. Das Meer zum Beispiel. Ich gehe jeden Morgen darin baden.

Ich lasse mich von den Wellen in der Brandungsgrenze überspülen, springe, hechte, falle über die Brecher, tauche durch sie hindurch und habe keine Ahnung davon, wie gewaltig dieses Ding ist, mit dem ich spiele. Unvorstellbare Wassermassen, irre Tiefen und darin Leben, Farben, Formen. Und ich benutze dieses Meer, das ein phantastisches Wunder ist, wie ein Planschbecken. Ich stehe am äußersten Rand des Ozeans, und mein Arsch wird in der Brandung wach. Das ist alles, was ich dem Meer abgewinne.

Kümmerlich, recht kümmerlich.

Gut, ich nahm Abschied von dem Versuch, aus der kleinen portugiesischen Strandkapelle einen Palast zu machen. Keine müden Tricks mehr, Alter. Laß das Spinnen sein, und mach dich auf die Socken, denn lang ist der Weg, heiß ist der Sand, und kurz sind die Schatten.

AUF DEM RAD

Wir kauften Fahrräder. Indische. Marke *Hero*. Sie waren wunderschön. Schwarze Stangen, solides Eisen, dicke Schutzbleche und ein altmodischer, nach oben gebogener Lenker. Alles an den Rädern war groß und schwarz, bis auf einen zwanzig Zentimeter breiten weißen Streifen an den hinteren Schutzblechen, und insgesamt machten sie einen stabilen Eindruck. Ich glaube, man hätte mit ihnen einen Elefanten erschlagen können. Fünfhundert Rupien kostete ein Rad, das sind 125 Mark. Dazu kamen zwei rote Satteldecken, vier Schlösser, zwei Klingeln und zwei Gepäckträger für den toten Elefanten, eine Lichtanlage und zwei Hüte. Der eine war aus Stroh und hatte ein mexikanisches Flair und gehört Mirta. Der andere war ein Kolonialmodell für Landvermesser.

Die Tour, die wir uns vorgenommen hatten, war etwa 1000 Kilometer lang. Von Goa aus wollten wir die Küste runter, bis an die Spitze Südindiens. Dort wollten wir die Fahrräder verkaufen und zu Fuß weiterreisen. Über die Berge in die Hochebene von Tamil Nadu. Vielleicht aber, so dachten wir, machen wir es auch anders. Vielleicht packen wir in Kerala die Räder auf das Dach eines Busses, fahren mit dem die Berge hoch, holen ganz oben unsere Räder wieder runter und rollen in das neue Land.

Ein etwas leichthin geplantes Unternehmen, denn wir waren im Begriff, in jene Gegend Indiens zu fahren, von der gesagt wird, sie sei die Heimat der Magie. Berge, über und über mit grünem Dschungel bedeckt, Wasserfälle, große, schlangenreiche Flüsse, Fischer auf Einbäumen, Segelboote, so alt wie das Jahrhundert. Zweitausend Jahre alte Tempel, geheime Wissenschaften, Zauberei. Südindien und der Himalaja, das sind die beiden extrem spirituellen Regionen des Subkontinents. Aber im Gegensatz zu den Bergen, die der internationale Tracking-Tourismus mit Verderben überzieht, ist Südindien noch unentdeckt.

Da liegen die Juwelen rum.

Trekking

Wir verließen unser Goa-Beach-Haus und unsere Freunde und die Hängematten auf der Veranda am 13.1.1984 gegen 17 Uhr. Die Mittagssonne bemühte sich gerade, kühler zu werden, der Fahrtwind erfrischte uns, die Palmen legten Schatten auf den Asphalt. Wir bogen von der Küstenstraße ab: verspielte Kurven, Reisfelder. Eine alte Frau kam uns entgegen. Sie trug einen schwarzen Sari und viele braune Falten unter einem großen schwarzen Hut. Sie ging barfuß und völlig ruhig. Hin und wieder begegnet man Menschen, und man wird von dieser Begegnung berührt, auch wenn sie nicht länger währt als die paar Augenblicke, die es braucht, um an diesen Menschen vorüberzuradeln.

Aber wenn das Land weit und einsam ist, ich meine, wenn da keine Autos fahren und bis zum Horizont niemand sonst zu sehen ist, und dann taucht da weit vor dir ein schwarzer Punkt auf, der sich bewegt, der größer wird, Gestalt gewinnt, ein Mensch, eine Frau, eine alte Frau. Einen Augenblick siehst du ihre Augen, und das reicht. Du nimmst eine Geschichte von ihr mit, und es ist gut, daß du sie nicht überprüfen kannst.

Ich war nämlich kein Journalist mehr. Ich war ein einunddreißigjähriger Mann, der es endlich geschafft hatte, auf einem Fahrrad durch Reisfelder zu rollen. Ich wollte die alte Frau nichts fragen. Woher sie kommt. Was sie macht. Wie sie es macht. Was hält sie von der Geburtenkontrolle? Wieviel Reis nimmt sie täglich zu sich? Wie viele Enkelkinder hat sie? Was soll's? Es war eine Frau mit einem großen Hut und schwarzem Sari, und wir begegneten ihr zu Beginn unserer Reise mit dem Rad.

Unsere erste Tagesetappe war nicht gerade lang. Zwei Stunden, 15 Kilometer. Das reichte, um unsere Hintern einzugewöhnen. Wir verbrachten die Nacht in einem angenehmen Hotelzimmer in Panjim. Dann ein Frühstück, und wir waren auf dem Highway Nr. 17. Eine Art Bundesstraße, die von Goa bis tief nach Kerala hineinführt. Es war noch früh, neun Uhr morgens, die Sonne würde erst in zwei bis drei Stunden auf uns niederbrennen.

Ich hatte noch nicht meditiert. Das ist eine alte Angewohnheit von mir: morgens aufs Bett setzen, ein Kissen bequem zwischen meinen Rücken und die Zimmerwand legen, die Augen schließen und meinem Atem lauschen. Während dieser Reise aber mußte ich mir etwas Neues überlegen. In den indischen Hotels kann man morgens schlecht in Ruhe meditieren. Sie sind zu laut, und außerdem muß man früh aufbrechen, um die Stunden bis zur Mittagshitze optimal zu nutzen. Ich wollte aber deshalb auf meine alte Angewohnheit nicht verzichten. Das Meditieren hat mich immer erfrischt, und wenn der Gedankensalat gegessen war, kamen oft wie von selbst recht nützliche und praktische Ideen.

Warum nicht auf dem Rad meditieren? Während der Fahrt! Natürlich nicht mit geschlossenen Augen, aber auf meinen Atem achten, das müßte eigentlich gehen.

Das mit dem Atem ist ein Trick. Man atmet bewußt ein, fließt mit der Luft runter zu dem Punkt, der Solarplexus genannt wird, und atmet genauso bewußt wieder aus. Um die Konzentration zu halten, sagen sich manche Leute während des Ein- und Ausatmens Mantras. Om, Hare-Rama, Sohan. Andere Leute verkaufen diese Mantras. Bei Maharishi Mahesh Jogi kosten sie ab 400 Mark das Stück, und das Ganze nennt sich TM. Transzendentale Meditation. Nichts gegen TM. Aber nachdem ich mal Krishna Murti sagen hörte, daß die permanente Wiederholung des Wortes »Coca-Cola« im Prinzip denselben Effekt habe, konnte ich Mantras nicht mehr ernst nehmen.

Also benutzte ich meine neue Fahrradklingel. Sie war fast so groß wie ein Wecker, sie war laut, aber nicht schrill, und so klingelte ich, wenn ich einatmete, und klingelte, wenn ich ausatmete. Dazwischen hörte ich auf den Fluß in meiner Brust, und wenn Gedanken kamen, um mich zu entführen, dann klingelte es wieder. Das war mein System an diesem Morgen. Mit dem Klingeln wird jeder Gedanke abgebrochen. Ein neuer Gedanke, eine andere Phantasie ist gestattet. Aber beim nächsten Klingeln ist auch damit wieder Schluß. »Intellektus interruptus« nenne ich das. Ich halte das durchaus für eine seriöse Technik. Wer sagt denn, daß ich eine Sache wirklich zu Ende denken muß? Ich habe die Freiheit, auszusteigen, wann immer ich will. Da kommt mir irgend so ein Mist in den Kopf. Ein Wort gibt das andere, und schon denke ich den ganzen Vormittag darüber nach, daß kein Mensch mich liebt, nur weil ich die Liebe brauche. Solange ich sie brauche, habe ich die Liebe nicht, und solange ich sie nicht habe, bin ich unattraktiv. Oder etwas konkreter: Wie kann ich eine Frau auf mich anturnen, wenn ich ihr wie ein Dackel hinterherlaufe? Die will 'nen Schäferhund. Und wenn ich dann versuche, ein bißchen lauter zu bellen, dann hört sich das an wie ein Dackel, der auf Schäferhund macht, und Verachtung ist mein Lohn. Manchmal ist eben ein Gedanke wie ein Stein, und daraus wird eine Kette, und die zieht dich in den Sumpf.

Aber wenn man früh genug klingelt, ist man wieder frei.

Hier nur einige wahllos herausgegriffene Beispiele: Klingel, klingel, atmen, atmen ... »*Gestern hat sie mich ganz unverhofft geküßt. Leicht, aber auf den Mund. Als wir vor den Stufen des Hotels saßen. Bedeutet das vielleicht, daß sie ...*« Klingel, klingel, atmen, atmen, atmen ... »*Die Chai-Bude heute morgen war häßlich. Viel zu modern eingerichtet. Wenn die Inder fortschrittlich sein wollen, müssen sie alles mit Kunststoff zunageln. Das finden sie schön ...*« Klingel, klingel, atmen, atmen, atmen, atmen, atmen ... »*'ne Zigarette wäre jetzt geil ...*« Klingel, klingel, atmen, atmen ... »*Das Kerala-Gras ist alle, wo kriege ich neues her? ... Bis Kerala ist es noch ...*« Klingel, klingel, atmen ... »*Muß aber gut kommen! Stoned auf dem Rad ...*« Klingel, klingel, atmen, atmen, atmen ... »*Warum fährt die Frau so schnell? ...*« Klingel, klingel, atmen, atmen, atmen, atmen, atmen ... »*Tolle Klingel. War gar nicht teuer. Das Licht der Sonne bricht sich so schön auf ihr. Mein Spiegelbild ... Was für ein Gesicht ...*« Klingel, klingel, atmen ... »*Warum fährt die Frau so schnell? Ich meditiere schließlich ...*« Klingel, klingel ... »*Scheiße! Was ist mit dem Lastwagen?! Der nagelt direkt auf mich zu.*«

Klingel, klingel, klingel, klingel, klingel.

Tatsächlich war reichlich Verkehr auf der Highway Nr. 17, und uns wurde bald klar, daß Indien ein Lastwagen- und Busfahrerproblem hat. Das sind in der Regel Halbirre, die hoffnungslos überladen und mit verzogenen Vorderachsen dicht an dir vorbeirasen, und du als Radfahrer bist in der Regel derjenige, der auf die Seitenstreifen flüchten muß. Der ist unasphaltiert, hat Schlaglöcher, Spurrillen, spitze Steine, Scherben und ruhende Kühe, und kaum bist du wieder heil zurück auf dem Asphalt, brüllt dich die nächste Hupe an. Wieder nehmen dir Dieselwolken den Atem, und jede Busladung, die vorbeidonnert, schreit ein fünfzig-, sechzig-, siebzigfaches »*Hello*« auf dich herunter. Die Leute meinen das freundlich, trotzdem gibt es Momente, in denen du dir ein Gewehr wünschst, um all diesen aus den Busfenstern grinsenden Gesichtern ein paar Kugeln hinterherzuschicken. Nein, es ist nicht übertrieben. Man liest jeden Tag in jeder x-beliebigen indischen Zeitung von mindestens drei großen Busunglücken. Einer kippt von 'ner Brücke runter, einer rammt frontal einen Lkw, einer rutscht einen Berg hinab. Zehn Tote pro Busunfall sind das mindeste. Darunter machen sie es nicht. Und doch bekommen sie die Bevölkerungsexplosion nicht in den Griff. Die spinnen die Inder, die spinnen total.

So wuchs, während wir dahinradelten, in mir der Gedanke, ob es wirklich eine so gute Idee war, mit dem Rad durch dieses Land zu fahren. Die Lunge dürfte danach schwarz wie Pech sein, von den Nerven gar nicht zu reden. Natürlich wußte ich, daß es auf den kleinen Straßen weiter im Landesinneren wesentlich ruhiger zugeht. Nur sind da dummerweise die Berge. »Wenn das so weitergeht, dann verscheuern wir morgen die *Heros* und fahren mit dem Zug weiter.«

Nichts dergleichen. Es war nur eine Prüfung. Nach dem Leid kommt das Glück, nach der Straße der Strand. Kurz vor Sonnenuntergang erreichten wir Korvar Beach, die letzte massive Milchshake-Bastion des zivilisierten Goa.

Wir schleppten uns an den Strand. Wir badeten und fanden ein Strandrestaurant namens »Paradiso«. Banana-Pfannekuchen, Nescafé, Kokosnußmilchshakes, und einen Tisch weiter ging ein Chillum herum. Dann fuhren wir einfach weiter. Stundenlang, direkt am Wasser, auf dem etwa vier Meter breiten Streifen, wo das Meer den Sand hartgewaschen hatte. Es war traumhaft. Wir fuhren im Licht des Vollmondes, wir hatten Rückenwind, das Meer brandete an die Reifen, und kleine Krebse flüchteten in Panik. Ich fühlte den Wind in den Haaren und lachte und sang und schrie. Wir fuhren nebeneinander, wir fuhren hintereinander, wir fuhren Slalom, und manchmal glaubte ich, die *Heros* würden abheben, um mit uns zu den Sternen zu fahren. Gegen Mitternacht legten wir die Räder in den Sand, rollten unsere Bastmatten aus und schlüpften in die Inletts. Das waren leichte

Baumwoll-Bettücher, wie ein Schlafsack zusammengenäht. Man erhält sie in deutschen Globetrottergeschäften als waschbaren Innenbezug für richtige Schlafsäcke. In Südindien kannst du die richtigen Schlafsäcke guten Gewissens wegwerfen. Reiner Ballast. Die Inletts reichen.

Am Sonntag, dem 16. Januar 1984, standen wir endlich vor dem Schlagbaum, der die Grenze von Goa markiert. Zwei grinsende Zöllner ließen uns passieren, auf einer breiten Straße fuhren wir mit unseren *Heros* in den Bundesstaat Kanataka ein. Eigentlich waren wir erst jetzt in Indien angelangt, und es ist bestimmt nicht schlecht, an dieser Grenze eine kleine Zeitreise zu unternehmen. Kein großes Unternehmen, keine kapitale Expedition in das Buch der Historie, nein, nur einen Augenblick in dem Bewußtsein verharren, daß wir gerade im Begriff sind, *Jambudvipa* zu betreten, den *Kontinent des Rosenapfelbaumes*, wie die Menschen dieses Landes ihr Reich nannten, bevor die Europäer kamen und Indien dazu sagten.

In *Jambudvipa* ist im Laufe der letzten zehntausend Jahre eine Menge passiert, und wer Ohren hat zu hören, dem werden die Zungen des Volkes viele Geschichten erzählen. Dem europäisch geschulten Historiker sind allerdings dabei einige ihn frustrierende Grenzen gesetzt. So beklagte sich schon um 1000 n. Chr. ein Herr namens Albiruni auf arabisch: »*Die Inder schenken leider der historischen Folge der Dinge nicht viel Aufmerksamkeit. Sie sind sehr nachlässig in der Aufzählung der chronologischen Reihenfolge ihrer Könige, und wenn man sie zu einer Aufklärung drängt und sie nicht wissen, was sie sagen sollen, so sind sie gleich bereit, Märchen zu erzählen.*« Ähnlich sauer wie der Muselman Albiruni reagierte achthundert Jahre später der Brite Macauley auf die hiesige Erzählweise. »*Sollen wir eine Geschichtswissenschaft fördern, nach der es Könige gab, die dreißig Fuß hoch waren, und Reiche, die dreißigtausend Jahre lang bestanden, eine Geographie mit Zuckermeeren und Butterbergen?«*

Nach dieser gleichermaßen süßen und fettigen Geographie fuhren Mirta und ich in den südlichen Teil des Subkontinents ein, der in frühen Zeiten einmal das *Königreich Vijayanagar* geheißen und in noch früheren Zeiten Rom an den Rand des wirtschaftlichen Ruins getrieben hat. In den Jahrzehnten um Christi Geburt florierte der Seehandel mit dem römischen Reich. Pfeffer und andere Gewürze, Parfüms, Edelsteine, Elfenbein, Seide, Edelhölzer, Zucker und wilde Tiere für den Zirkus waren die Hauptausfuhrgüter. Eingeführt wurden in erster Linie Goldmünzen, denn damit bezahlten die Römer. Nach Angaben des Römers Plinius (23–79 n. Chr.) sollen jährlich indische Waren für 550 Millionen Sesterzen importiert worden sein, und der ständige Goldabfluß löste eine Wirtschaftskrise Roms aus. Konnten die Leute dieser Gegend auch nicht ordentlich historisch Buch führen, so vermochten sie doch zu rechnen. Vor allem aber waren sie gut im Dreinschlagen. *Vijayanagar* war das indische Königreich, das am längsten den Moslems widerstanden hat. *Stadt des Sieges* nannten sie ihre Hauptstadt, und diese Stadt war eine der größten ihrer Zeit, und ihr Glanz blendete jeden, der sie sah.

Der portugiesische Reisende Paes, der zu Beginn des 16. Jahrhunderts *Vijayanagar* besuchte, schrieb von der »*am besten versorgten Stadt der Welt*« und meinte, sie sei so groß wie Rom und »*sehr schön anzusehen*«. Viele kleine Parks und Kanäle hatte man angelegt, kunstvoll errichtete Tempel und Paläste erhoben sich auf dem gewachsenen Fels, auf dem die Stadt gebaut war, und überall standen aus Stein gehauene Pferde, die sich aufbäumten und mit ihren Hufen dem Himmel drohten. *Vijayanagar* war ohne Zweifel ein kriegerisches Reich, ein gewaltiger Militärstaat. Der eben schon zitierte Portugiese berichtete weiter, daß »*der König ein Heer von einer Million Mann besitzt, und er hat diese Truppen immer zur Verfügung und kann sie immer dorthin senden, wo es nötig ist.*«

Vijayanagar war der Wall, der acht Jahrhunderte den islamischen Eroberungswellen standhielt. Ob das Allah nun paßte oder nicht. Erst im 16. Jahrhundert brach der Wall.

Ramaraja, der letzte Herrscher des Königreichs, hatte einen Fehler gemacht. Nach einer Schlacht stellte er seine Pferde in einer Moschee unter, und das war Grund genug für vier Sultanate, sich zusammenzuschließen und ihre vereinten Heere dem Hinduteufel entgegenzuwerfen. 1565 wurden die Truppen *Vijayanagars* aufgerieben, *die Stadt des Sieges* mit islamischer Gründlichkeit geplündert und zerstört. Schon wenige Jahre später erzählten Reisende, daß niemand dort wohne außer Tigern und anderen wilden Tieren.

Die Stadt und das Reich waren hin, aber der Geist, der hier wohnte, anscheinend nicht. Das mußten zwei Jahrhunderte später die Briten erkennen. Wieder war es der Süden, der die meisten Schwierigkeiten bereitete, denn das *Königreich von Mysore* hatte das Erbe *Vijayanagars* übernommen, und der bekannteste Maharadscha dieses neuen Königreiches wurde *Tiger* genannt. Der *Tiger von Mysore*. Ein schrecklicher Herrscher soll er gewesen sein, so sagen die Briten. Seine Gefangenen habe er gezwungen, eine Felsenschlucht hinabzuspringen. Hunderte, Tausende seien da zerschellt. Ohne Gerechtigkeit, ohne Gnade. Aber auch die Geschichtsschreibung der Engländer scheint mir nicht ganz wasserdicht zu sein. Was soll man davon halten, wenn ein Mann wie Lord Wellesley, seines Zeichens erster Generalgouverneur von Indien, schreibt, charakteristisch für jede asiatische Regierung sei der »*ruhelose Geist des Ehrgeizes und der Gewalt*«. Der *Tiger von Mysore* hat sie anscheinend wirklich geärgert, und sie konnten ihn nicht greifen. Seine

Stadt war eine Festung, und diese Festung war ein Berg, und da war nichts zu machen. Irgendwann entführten die Briten die Söhne des *Tigers* und nahmen sie als Geisel. Solange die Engländer seine Söhne hatten, mußte der König stillhalten. Aber Freunde des Inders befreiten die Jungs, und der *Tiger* ging wieder auf Jagd. Erst 1799 konnten die Engländer ihn schlagen. Während einer der vielen Schlachten, die um Mysore wüteten, stand der *Tiger* auf den Mauern seiner Festung. Da traf ihn eine Kugel. Die Engländer lernten jedoch ihre Lektion. Indien ist über den Süden nicht einnehmbar.

Soweit die europäische Geschichtsschreibung, die zwar die Daten im Kopf hat, aber von den Ursachen wenig weiß. Was gibt dem Süden die Kraft? Welcher Geist gebiert hier die Herren der Macht?

Die Inder haben auf diese Frage eine klare, direkte und einfache Antwort. Der Pimmel von Shiva ist es. Was denn sonst? Und damit sind wir bei den religiösen Dingen angelangt, mitten im Hinduismus, und auch zu dem fanden die Briten nicht den rechten Zugang. Ich zitiere Charles Grant, einen vielschreibenden Beamten der East Indian Company, der Gesellschaft also, deren Kunst es war, den *Kontinent des Rosenapfelbaumes* auszuplündern. »*Die größten und seltsamsten Ungereimtheiten, den schurkischsten Betrug und Schwindel, die abscheulichsten Grausamkeiten und Ungerechtigkeiten, die schmutzigsten und widerwärtigsten Gedanken, jede korrupte und ausschweifende Leidenschaft machen die religiösen Geschichten der Menschen aus, unter denen ich gelebt habe.*«

Der Mann war ganz offensichtlich schockiert von einer Religion, deren höchster Gott mit einem mächtig erigierten Penis durch die Gegend lief und es mit den Asketenfrauen trieb. Andere sagen, die Asketenfrauen trieben es mit ihm, und Shiva konnte gar nicht anders, als die erregten Weiber zu befriedigen. Wie dem auch sei, jedenfalls erzürnten sich die Asketenmänner, und sie gingen zu Shiva und sagten: »*Dieser Pimmel da, der stört uns*«, und sie hackten ihn ab. Sogleich erstarrte der Penis vom *Vater aller Dinge* zu Stein, und jeder Mann, jeder Dämon, jeder Gott im Reiche der Hindus wußte, daß dieser Stein unendliche Macht verleiht: Sie nannten ihn *Shiva-Lingam*, und wer sich von diesem sagenhaften Ding keine Vorstellung machen kann, der möge sich an Steven Spielbergs Film »Indiana Jones und der Tempel des Todes« erinnern, denn darin ging es um nichts anderes. Indiana Jones holte mit seinem kleinen Freund Shorty den *Shiva-Lingam* aus den Klauen eines Schwarzmagiers zurück, der sich einen Spaß daraus machte, mit bloßer Hand den Menschen ihre Herzen aus der Brust zu reißen, und der davon träumte, mit Hilfe des Steines Herrscher der Welt zu werden. Jetzt im Bilde?

Dann weiter.

Shiva lebte hoch oben im Himalaja und hütete seinen Stein. Doch Ravana, ein Dämon aus Sri Lanka, hörte von dem mächtigen Pimmel und reiste in die Berge. »Shiva«, sagte er, »ich muß das Ding haben. Unbedingt!« – »Nee«, sagte Shiva, »den Pimmel kriegst du nicht.« Aber Ravana blieb eisern. Er trieb die totale Askese für den Gott, er sang für ihn und spielte, und vielleicht nur, damit er damit aufhörte, gab Shiva seinen Penis dann doch noch her. Aber er verband die Gabe mit einer Bedingung: »Während deiner Reise zurück nach Sri Lanka darfst du den Stein niemals abstellen. Wenn der Stein die Erde berührt, ist er für dich verloren.«

»In Ordnung«, sagte Ravana, und er machte sich mit dem *Shiva-Lingam* auf die Reise. Das sahen alle anderen Götter mit Unbehagen. Sie kannten Ravana und wußten, was sie von ihm zu halten hatten. Gut, er war ein Brahmane, also kastenmäßig nicht verkehrt, aber sein Geist war pervers. Bliebe dieser Dämon im Besitz des göttlichen Gliedes, dann würde er die Herrschaft der Welt an sich reißen. Wie kann man ihn stoppen? Ganesh, der Elefanten-Gott, ersann eine List. Er wußte, daß Ravana einmal täglich seine heiligen Waschungen zelebrieren mußte, und er bot sich dem Dämonen an, während dieser Zeit den *Shiva-Lingam* zu halten. Ravana ging darauf ein. Falls aber der Elefanten-Gott den Pimmel (er war schrecklich schwer) nicht mehr halten könnte, sollte er ihm dieses früh genug mitteilen. Ganesh versprach es. Und wirklich wurde der Stein ihm alsbald zu schwer, und er sagte das dem Dämonen. Er sagte es aber so leise, daß es Ravana nicht hören konnte, und der Elefanten-Gott stellte den *Shiva-Lingam* ab. Rums.

Der Stein verband sich mit der Erde. Ravana konnte ihn nicht mehr von der Stelle rühren. Mit leeren Händen kehrte er nach Sri Lanka zurück.

So kam der Stein der Macht, der *Shiva-Lingam*, der Pimmel der Gottheit, nach Südindien, und seine Kraft ging über auf das Land und auf die Menschen, die ihn heute noch streicheln und küssen und mit Milch und Joghurt überschütten und dabei andächtig ein Gebet sprechen, das aus drei Sanskritsilben besteht.

»Pra ja pati. Pra ja pati. Pra ja pati.«

Pra heißt *vorwärts*, *ja* heißt *zeugen*, *pati* heißt *Herr*, und alles zusammen heißt *Pimmel*, und es ist das Symbol und das Prinzip für Evolution, für Kreativität, für Energie. Die Energie, die das Universum in Bewegung hält und mit der man unter anderem und nebenbei sich auch Moslems und Engländer vom Leibe halten kann. Solange man nicht den Fehler macht, Pferde in Moscheen zu führen.

Der Tempel, den sie um das steinerne Glied gebaut haben, steht in der Nähe von Karwar, jener Stadt, in die Mirta und ich mit unseren *Heros* rollten, eine Stunde nachdem wir Goa verlassen hatten.

Mirta war richtig froh, daß wir aus Goa raus waren. Sie konnte kein *Weißfleisch* mehr sehen. Mich ertrug sie gerade noch, aber ich wurde ja auch zusehends brauner. Ich hatte die Beine meiner Kordhose abgeschnitten, Mirta hatte sie umgenäht, meine Oberschenkel färbten sich langsam ein. Meinen Hut hatte Mirta inzwischen angemalt, mit Glasperlen durchstickt und mit einer Feder geschmückt. So rollten wir nach Karwar ein.

Wahrhaftig war kein *Weißfleisch* mehr zu sehen. Dafür dreimal soviel Inder auf einem Quadratmeter, als wir es von Goa gewohnt waren. Die Straße war brechend voll. Menschen, Fahrräder, Kühe, Hunde, Marktstände, Orangen, Äpfel, Kokosnüsse, Bananen, zahme Affen, Ohrringe, Plastikarmbänder in allen erdenklichen Farben. Saris liefen durch die Gegend mit schönen Frauen darin, Zöpfe fielen bis auf die Hüften, Blumen steckten im Haar. Indien.

Wir stellten die *Heros* vor einem Chaishop ab, tranken Tee, sahen aus dem Fenster hinaus auf die Straße. Es erinnerte mich an Kairo. Im Teehaus sitzen und auf die Straße sehen. Dann fanden wir ein Hotel. »Tourist Home«. Ein altes, fast verfallenes Gebäude. Der Chef bewunderte unseren Mut. Mit einem Fahrrad durch Indien zu fahren. Das würde er nicht bringen. Außerdem bewunderte er die Räder. Wir erzählten ihm, daß wir sie jeden Tag putzten und ölten. Er gab uns das beste Zimmer des Hotels. Der Raum hatte zwei Betten. Dazwischen stand ein traumhafter kleiner Schreibtisch aus schwarzem Holz. Ein Spiegel stand auf der Mitte des Tisches. Er war halbblind und hatte einen verschnörkelten hölzernen Rahmen. Davor stand ein Tonkrug mit frischem Wasser und ein Glas. Die Wände waren blau gekalkt, die Tür und die Fensterläden türkis angestrichen. Für indische Verhältnisse hatten wir ein sehr sauberes Zimmer bekommen.

Wir gingen in die Stadt. Es war bereits dunkel geworden. Lampen brannten vor und in den Geschäften. Ich suchte mir einen Barbier, dessen Gesicht mir gefiel, und ließ mich rasieren. Das hatte ich schon in Goa lieben gelernt. Oder besser gesagt, schon in Griechenland. Aber die indischen Barbiere machten es am besten. Viele von ihnen sind latent schwul, bei ihnen ist es ein besonderer Genuß. Erst seifen sie dein Gesicht ein. Dann setzen sie das Messer an. Dann seifen sie dich noch mal ein und kommen noch mal mit dem Messer. Anschließend streichen sie Eis über deine Wangen und sprühen parfümiertes Wasser drauf. Sie trocknen dich sanft und mit Gefühl ab und massieren dein Gesicht. Alles. Die Stirn, die Augen, die Nase, den Mund, das Kinn. Wenn sie richtig gut sind, bekommst du noch eine Kopfmassage obendrein, und zum Schluß wird etwas Puder aufgelegt. Eine gute halbe Stunde dauerte das, und ab Karwar hatte ich dafür nie mehr als eine Rupie bezahlen müssen. Mirta saß immer total neidisch dabei.

Die Nacht im »Tourist Home« wurde für Mirta etwas ungemütlich. Zuerst saß sie noch auf meinem Bett und sprach mit mir. Sie fühle sich mir inzwischen sehr nahe. Ja, sie fühle sogar eine gewisse körperliche Anziehung. Sie wolle nichts ausschließen, aber auch nichts versprechen. Auf alle Fälle sei ich ihr Freund. Dann legte sie sich in ihr Bett. Nach einer Stunde war sie wieder bei mir, denn aus ihrem Bett waren Scharen von Ungeziefer gekrochen, in allen Größen und Farben, und sie hatten ihr an den Knochen genagt.

Ich wiederum hatte Probleme mit den Moskitos. Sie fielen nur über *mich* her. Sie lieben *Weißfleisch*, wie Mirta behauptete. Wir spannten unser Moskitonetz über mein Bett, legten uns zusammen darunter. Von da an verlief die Nacht ruhig.

Die Sonne ging auf, wir packten die Räder. Zwei Reisetaschen, zwei Bastmatten, ein silbern schimmerndes Töpfchen mit Dekkel für das Trinkwasser. Man brauchte nicht viel. Chai, Mango-Lassi und Massala Dossa im Laden nebenan, dann fuhren wir wieder.

Während des Vormittags passierte nichts Außergewöhnliches, außer daß ich Probleme mit meinem Hintern bekam. Gegen Mittag erreichten wir Ankola. Ein heißer, staubiger Ort voller Menschen und Fliegen. Mirta ließ ihre Bremsen reparieren, wir gingen was trinken. Das übliche Aufsehen. Nicht alle Leute hier sahen uns freundlich an. Der Besitzer des hiesigen Cola-Drink-Shops erzählte uns, daß dieser Tag ein ganz besonderer sei. Der Geburtstag von Swami Vivekananda. »Wer ist das?« wollte Mirta wissen. »Ein berühmter Jogi«, sagte ich. »Er hat behauptet, daß der Mensch noch gar nicht geboren sei und daß die Menschheitsgeschichte bisher lediglich die Geschichte blutiger Geburtswehen sei. Er war übrigens der erste indische Jogi, der in den Westen ging und dort im großen Maßstab spirituelle Aufklärung betrieb. Manche sagen auch, Verwirrung. Es gibt eine hübsche kleine Episode über den Mann. Willst du sie hören?«

Ich bestellte zwei weitere Limca und erzählte Mirta die Geschichte von Vivekananda, der so um die Jahrhundertwende (1899) auf dem Deck eines Dampfschiffes stand, das in Richtung Amerika fuhr. Für einen Inder der damaligen Zeit war das gleichbedeutend mit einer Reise zum Mond. Aber Vivekananda trug einen weißen Turban und fühlte sich wohl. Er kam mit einem anderen Passagier ins Gespräch. Einem Amerikaner, wie es sich schnell herausstellte, einem, der schon immer wissen wollte, was es mit dem Joga der Inder auf sich habe, der aber bisher leider noch nicht die Zeit gefunden hatte, sich um diese Dinge zu kümmern, da ihn seine Geschäfte ganz und gar in Anspruch nahmen. Vivekananda dagegen wußte alles über Joga, und er hatte schon immer das Reden zu schätzen gewußt. Er war ein brillanter Denker und ein faszinierender Unterhalter, und als die Nacht um war, standen die beiden noch immer draußen auf dem Deck, lehnten an der Reling und redeten.

»Ich muß Ihnen danken, Mister«, sagte schließlich der Amerikaner. »Für so einen Vortrag hätte ich in den Staaten eine Menge Geld bezahlen müssen. Wirklich, Mister, vielen Dank.«

»Ich habe zu danken«, sagte Vivekananda. »Sie haben mir die Erinnerungen so leicht gemacht. Ich erzählte Ihnen von meinem Guru, und jetzt ist es so, als wäre er wieder bei mir. Das ist ein wundervolles Gefühl.«

Mit diesen Worten beendete Vivekananda das Gespräch, denn er hatte nun keine Lust mehr zu reden. Der Amerikaner schwieg ebenfalls. Er sah Vivekananda lange von der Seite an. Diesen hochgewachsenen Mann mit dem großen weißen Turban, der mit brennenden Augen über das Meer schaute. Und er wußte nicht genau, ob er nun den lieben Gott kennengelernt hatte oder einen verrückten Inder, der auf jedem amerikanischen Jahrmarkt wie eine Bombe einschlagen würde. In diesem Zwiespalt griff der Geschäftsmann auf die einfachste und grundsolideste Methode zurück, der man sich in seinem Berufe bedient, wenn man die Seriosität eines Partners prüfen will.

»Sagen Sie, Mister, bevor ich mich verabschiede, hätte ich eines noch gerne gewußt.«

»*Of course, Sir.*«

»Wovon werden Sie bei uns in den Staaten leben? Sie haben Fähigkeiten, das sehe ich. Sie haben eine hohe Bildung und eine scharfe Intelligenz. Damit kann man in Amerika seinen Weg machen. Aber haben Sie auch Geld?«

»Geld«, sagte der Mann mit dem Turban. »Ja, Geld habe ich. Für ein Glas Tee nach unsrer Ankunft wird es wohl reichen, und für den Rest möge dann das Karma sorgen.«

Der Amerikaner verlor einigermaßen die Fassung. »Ich verstehe nicht! Das Karma wird sorgen?«

Vivekananda erläuterte im folgenden dem Herrn ein Prinzip, über das er später ein Buch schreiben würde. »Karma Joga«. Ich habe dieses Buch gelesen und erinnere mich noch an eine Stelle darin. Diese Stelle in Vivekanandas Ausführungen über Karma Joga besagt, daß der Mensch nichts tun kann, ohne daß sein Tun Auswirkungen hinterläßt. Und nicht nur die Taten. Auch die Worte hinterlassen Nachwirkungen, und selbst die Gedanken ziehen Spuren. Himmel und Erde sind voll davon. Jeder noch so flüchtige Gedanke bleibt bestehen, irgendwo und irgendwie lebt jede Tat weiter, bis ans Ende dieser Welt. Und das ist Karma.

Nun gibt es positive und negative Energien. Gutes und schlechtes Karma. Um zu erklären, wie diese unsichtbaren Mächte auf einen Menschen einwirken, der um die Jahrhundertwende auf dem Deck eines Dampfschiffes steht, über das Meer blickt und ohne Geld dem amerikanischen Kontinent entgegenreist, gebrauchte Vivekananda ein Bild, das ich nie vergessen werde und das mir sehr einleuchtete.

»Tust du etwas Gutes, so öffnest du die Tür deines Hauses für die positiven Vibrationen, und die Auswirkungen aller in dieser Welt begangenen guten Taten werden zu dir ins Haus strömen. Tust du aber etwas Schlechtes, so öffnest du deine Tür für das Böse, und es wird seinen Fuß in die Tür stellen, und es wird hereinkommen.«

Vivekananda empfahl die gute Tat. Da er, der Schüler Ramakrishnas, in der Vergangenheit viel Gutes getan habe, sei nun damit zu rechnen, daß das Karma auch seine finanziellen Obliegenheiten übernehmen werde, sobald das Reisegeld nach dem ersten Glas Tee aufgebraucht sei.

»Das sind wirklich interessante Theorien, Mister«, sagte der Amerikaner, »aber gibt es denn auch noch ein paar Leute, zu denen Sie gehen können? Bei denen Sie wohnen werden? Die

Ihre Arbeit unterstützen (was immer das für eine Arbeit sein mag), vielleicht sogar mit Geld? Kurz, Mister, haben Sie einen Freund in Amerika, der Ihnen hilft?«

»*Of course Sir*«, antwortete Vivekananda. »Sie.«

Mirta mußte lachen.

»Und was hat der Amerikaner dazu gesagt?«

»Das weiß ich nicht. Aber die beiden blieben dann tatsächlich zusammen, und Vivekananda wurde ziemlich schnell berühmt.«

Wir hatten bereits jeder die zweite Limca getrunken und wollten nun an den Strand fahren, um in Ruhe ein Schläfchen zu halten. Daraus wurde nichts. Schon als wir durch die ersten zwei, drei Fischerdörfer kamen, wuchs in uns die Sorge, daß wir soviel Ruhe hier nicht finden würden. Bei unserem Anblick fielen nämlich selbst die Affen fast von den Palmen. Immer mehr Kinder brachen in haltloses Geschrei aus, riefen ihre Mütter und Geschwister, und die Kunde von den merkwürdigen Fremden mit den indischen Rädern pflanzte sich schneller fort, als wir fahren konnten. Am Strand endlich, wir hatten uns gerade hingesetzt, standen so an die fünfzig Kinder, Jugendliche und ein paar Erwachsene vor uns. Ein Getobe wie auf einem Jahrmarkt. In den hinteren Reihen schlugen sie sich um die besseren Plätze. Einer der Älteren bot uns eine dieser Strandhütten zur Rast an, unter die sie während des Monsuns ihre Boote zogen, und da quetschten wir uns mit den vier Dutzend Indern rein. Man holte uns Kokosnüsse von den Bäumen, und Mirta bot dem staunenden Publikum ein paar Zauberkunststückchen. Ich zeigte ihnen den Inhalt unserer Taschen. Schere, Nagelfeile, diverse andere Instrumente zur Fußpflege und unsere Kamera. Eine Olympus. Japanische Spitzentechnik. Klein genug, um sie in der Hand verschwinden zu lassen, und leicht wie eine Feder. Gute Bildqualität, Halbautomatik, schnell anzuschraubendes Blitzgerät, formvollendetes Styling, schwarz. Als die Kinder die Olympus sahen, riefen sie auch noch den Rest der umliegenden Dörfler zusammen, und wir machten ein Gruppenbild.

Wir fuhren weiter. Der Highway Nr. 17 führte uns in die Berge, in die Ausläufer der Western Ghats. Die Steigungen erwiesen sich als enorm. Knochenharte, schweißtreibende Maloche. Aber unsere Kondition wuchs ständig, und Mirta beschloß, das Rauchen aufzugeben. Vergeblich übrigens. Wir fuhren nun durch ein Naturschutzgebiet. Dschungel zu beiden Seiten der Straße, hin und wieder kleine verträumte Tempel. Ich sah große Vögel, so bunt wie ein Sommerkleid, Mirta sang: »*Hare rama, hare krishna*«, und irgendwie ging es dann nur noch bergab. Abfahrten am Nachmittag, wenn sich rotes Licht in den Reisfeldern spiegelte und die Schatten länger wurden.

Nach einem rosa Sonnenuntergang kamen wir in ein Dorf. Überall brannten Lampen, Menschen liefen mit Fackeln durch die Nacht. Musik.

Wir hielten an und setzten uns vor einen Chaishop. Der Tee schmeckte nach Feierabend. Neben Mirta saß ein alter Sadhu. Der erste Bettelmönch, dem wir auf dieser Reise begegneten. Ich war ein bißchen schüchtern und sprach ihn nicht an. Er saß ruhig auf der Bank, seinen Wanderstab hatte er an die Wand gelehnt. Er rauchte ein Beedie. Ich sah seinen Schatten im Licht einer Petroleumlampe, und ich hörte die Trommeln.

Eine Gruppe von etwa dreißig Menschen zog durch das Dorf. Einige von den Leuten waren kostümiert, andere trugen Ritualgefäße. Sie läuteten mit kleinen Glocken, Weihrauch war in der Luft. Sie trugen Lichter von Haus zu Haus. Der Brahmanenpriester segnete die Familien.

Der Ort gefiel uns. Eine gehaltvolle, lärmende Ruhe. Wir wären gern über Nacht geblieben. Aber es gab kein »Tourist

Home«, und noch waren wir nicht abgebrüht genug, um am Straßenrand zu schlafen. Das nächste Hotel gab es in Kumta.

Wir strampelten wieder. Die Beine schmerzten, und weil es jetzt wieder bergauf ging (und zwar nur noch), badeten wir in Schweiß. Die Sache war auch nicht ganz ungefährlich. Die Scheinwerfer der meisten Lastwagen taten es nicht mehr. Aber überall an den Berghängen brannten Fackeln und Kerzen, und wir sahen sogar kleine Feuerwerke in der Nacht. Nach einer Stunde erreichten wir Kumta, fanden ein Hotel. Ein dunkles Loch im zweiten Stock mit einem fallsüchtigen Ventilator. Die Betten sahen verheerend aus, darum testeten wir ein neues System: Auf die Hotelmatratzen kam das Hotelbettzeug. Darauf unsere Bastmatten, darüber unsere Decken und die Baumwollinletts. Und dann pennen.

Es wurde höllisch heiß. Irgendein Dämon fraß die Luft weg, und der Ventilator gab seinen Geist auf.

Ich konnte vor Durst nicht schlafen und stand sehr früh auf. So früh, daß ich unten auf der Straße noch keinen offenen Shop fand, in dem es Limca oder ähnliches zu kaufen gab. Das Trinkwasser, das sie in unser Zimmer gestellt hatten, rührte ich nicht an. Das war ein unumstößliches Prinzip. *Niemals Wasser trinken!* Gekocht und im Tee war es o. k., aber pur war es die Seuche. Ich kannte ein paar Leute, die hatten in Indien das sogenannte Trinkwasser getrunken, und ihnen waren die Haare ausgefallen. Leichte Cholera.

Jedenfalls machte dann die erste Chaibude auf, und ich schluckte drei Tee hintereinander weg, und dann kämpfte ich im Hotel um einen Eimer für die Morgendusche. Das Bad war im Hof. Ein dunkles Loch, durch dessen winziges Fenster staubiges Licht hereinfiel. Dann wachte Mirta auf, wir frühstückten, packten die Fahrräder und rollten los. Es war früh, es war kühl, es war angenehm, und es ging wieder bergab. Ich begann wieder, auf dem Rad zu meditieren, allerdings ohne Klingel, denn meine Gedanken waren still. Die Wahrnehmung veränderte sich. Ich sah die Straße mehr von innen, fand Bilder, die der Seele entsprachen. Einen Teich mit Lotusblumen zum Beispiel, und der Sadhu, der da saß, hatte einen grünen Bart. Vor uns gingen drei Mönche. Als wir sie eingeholt hatten, bogen sie nach rechts vom Highway ab. Wir folgten ihnen und kamen in ein kleines, ruhiges Dorf, vor dessen Chaishop ein offenes Feuer brannte. Hier nahmen wir unser zweites Frühstück. *Sira*, süßer Grieß. Der Chef des Teehauses hatte seinen Schreibtisch draußen vor der Tür, und da saß er und schaute auf die Straße. Er war ein netter Mann, aber er sprach kein Wort Englisch. Ein Schreiber brachte ihm einen in schöner Schrift geschriebenen Brief. Der Chef drückte seinen Daumen auf das Papier. An der Wand hing ein Bild von Rabindranath Tagore. »*Our saint*«, sagte der Schreiber.

> *Adharmenaidhate tāvat,*
> *tato bhadrāni pasyati,*
> *tatah sapatnān jayati –*
> *samulas tu vinasyati.*

Durch Gottlosigkeit gedeihen sie, durch Gottlosigkeit erlangen sie, was sie begehren, durch Gottlosigkeit besiegen sie ihre Feinde – aber sie verdorren an der Wurzel.

Wir hatten Glück an diesem Tag, denn wir fanden noch ein gutes Chaihaus. Es lag direkt am Highway, fernab von jeder Stadt. Ein Fernfahrertreff. Auch hier sprach der Chef kein Englisch. Ein kleiner, untersetzter Mann, so etwa fünfzig Jahre alt, mit weißen Haaren und Kinderaugen. Er trug nur ein weißes Hüfttuch und das *Band der zweimal Geborenen*, denn er war ein

Brahmane, ein Angehöriger der höchsten Hindu-Klasse. Er gab uns zwei Schüsseln mit kostbarem Joghurt und schenkte uns Bananen. Wir blieben drei Stunden bei ihm. Draußen war es zu heiß zum Weiterfahren.

Wir hatten ein drittes Mal Glück an diesem Tag.

Als wir nach Anbruch der Dunkelheit einen größeren Ort erreichten, fanden wir schnell ein Hotel, das von außen recht gut aussah, doch zunächst sagte man uns, daß *unfortunately* kein Zimmer mehr frei sei. Erst, als wir enttäuscht wieder davonradeln wollten, sah man unsere *Heros*, und Leute, die auf Fahrrädern reisen, schickt man nicht in die Nacht. Wir bekamen ein gutes Zimmer mit einem traumhaften Ventilator, dann ging das Licht aus. Überall in Indien fällt mindestens einmal am Abend in der ganzen Stadt der Strom aus. »*Powercut*« nennen sie das. Darum empfiehlt es sich, immer eine Packung Kerzen im Gepäck zu haben. *Belagie* hieß die Sorte, die wir benutzten. Es waren kleine, dünne Kerzen, zweiunddreißig in einer Packung, die so groß war wie ein Kartenspiel. Jede Kerze darin kostete acht Paisa, das sind etwa zwei Pfennige. Überall brannten Kerzen, und die Radios schwiegen. *Powercut*.

COONDAPOOR

Ich glaubte schon, so würde es ewig weitergehen. Schlafen, schwitzen, aufstehen, Chai, radeln, Mittagshitze, Fliegen, Reis und wieder Chai. Weiterfahren, Abendrot, Hotel, Ungeziefer, singende Ventilatoren, schlafen, aufstehen, weiterfahren. Berge, Strände, Palmen, Städte, immer mehr Sadhus, dünne Männer, gelbe Augen, Brahmanen, nackte Kinder, zuviel Chillie, zuwenig Schatten. Karnataka, Kerala, Tamil Nadu. Drei Bundesstaaten, der halbe Süden, und am Ende (vielleicht) ein *Palast mit gläsernen Schwänen*. Dumm ist der Mensch, wenn er die Zukunft nicht kennt, aber sie trotzdem verplant, und das Land, in dessen magischen Wäldern goldenes Gras wächst, ist nicht für Leute, die sich streiten.

Wir stritten uns immer häufiger. Aus nichtigem Anlaß. Meist fing Mirta an, und ich war der Trottel. Sie regte sich darüber auf, daß ich keinen vernünftigen Knoten hinkriegte, wenn wir abends das Moskitonetz über den Betten aufspannten. Sie hatte ihn mir x-mal gezeigt, den Knoten, der morgens mit einem Zug wieder zu öffnen war. Ich brachte ihn nicht zustande. Meine Knoten mußte man mit einem Messer lösen und mit nichts anderem. Auch nervte es sie, wie ich meine Reisetasche packte. Jeden Morgen, vor jeder Weiterfahrt, das gleiche Getobe. Dann, die Erblast meiner Familie väterlicherseits, diese penetrante Schwerhörigkeit. Um sich mir verständlich zu machen, muß man ziemlich laut und klar und deutlich reden und am Telefon sogar brüllen. Das und all die anderen kleinen Dinge, die die dunkle Seite meines Wesens ausmachen, brachten Mirta hoch. Wobei erschwerend hinzukam, daß man sich mit mir eigentlich nicht streiten kann. Ich bin zu feige. Ich mag keine Konflikte.

Ich laufe lieber weg. Manchmal habe ich auch Angst davor, daß ich im Streit Worte sagen würde, die nie mehr zurückgenommen werden können. Zudem bin ich von Natur aus gutmütig.

Aber Mirta ließ nicht locker, und langsam, langsam begann ich zu reagieren. Nicht nach außen, ich schluckte, wie gehabt, alles, was sie mir servierte, aber irgendwann hatte ich das Gefühl, Kröten zu schlucken. Dicke, fette Kröten, die schwer in meinem Magen lagen und stanken. Ich konnte nicht mehr vergessen. Ich wurde nachtragend. Ich begann ganz leise und sacht, sie zu hassen. Das verwunderte mich, weil Gandhis Partnerschaftshoroskop eigentlich etwas anderes für uns prophezeite. Wir hatten dieses vorläufig letzte seiner uns betreffenden Werke mit nach Indien genommen und studierten es hin und wieder. Es trug einen recht anheimelnden Titel.

»die horoskopischen indikationen zu eurer beziehung und die untersuchung zu den beziehungsebenen im verhältnis zu der heutigen zeit und zu der reise.

zunächst eine kurze zeitanalyse.

30. 11. 83 bis 6. 1. 84 die mäßigung, die entsagung, das wassertrinken

6. 1. 84 bis 27. 2. 84 wasser wandelt sich in wein, die berauschung, zwischen unterscheidung und hoffnung

27. 2. 84 bis 24. 4. 84 die vorbereitung des opfers, erkennen des sinns in der beziehung, das gemeinsame wirken, das ziel

dies sind symbolische verbindungen.

es handelt sich dabei um die zeiten, die vielleicht für eine gemeinsame reise in betracht kommen.«

Gandhi hatte noch einiges mehr dazu geschrieben, aber die Bilder reichten mir. Ich fand sie einleuchtend, treffend und außerdem schön.

»die mäßigung, die entsagung, das wassertrinken«, hätte man besser den Zustand beschreiben können, in dem ich mich seit Beginn unserer Reise befand? Was war es denn, das ich akzeptieren mußte, um mit Mirta zusammenzusein? Keine Leidenschaft, keine Sinnlichkeit, kein Sex. (»Wir sind Freunde, wir machen eine Pilgerfahrt zusammen. Mehr nicht.«) Das war die Mäßigung, die Entsagung, die Reduzierung auf das eigentliche Ziel der Reise. Und das war genug, um die Liebe zu nähren, auf daß sie nicht stirbt. *»das wassertrinken«* erzeugt keinen Rausch, aber es reicht zum Leben.

Wann und wo immer in Indien mich die Geilheit übermannt hatte, am Strand von Goa, in der Hängematte auf Slivkas Terrasse, im »Tourist Home«, auf dem Rad, immer mußte ich an *»das wassertrinken«* denken.

Das half.

Genausooft aber dachte ich daran, daß die Zeit nun langsam reif wäre für das zweite symbolische Bild in Gandhis Zeittafel. *»wasser wandelt sich in wein«*. Dieses Bild sollte laut Gandhi so um den 6. Januar 1984 zum Tragen kommen. Nun aber hatten wir schon die Mitte des Wandlungsmonats Januar mit unseren *Heros* überrollt, und das Wasser wandelte sich allem Anschein nach nicht in Wein, sondern in eine *Krötensuppe*. Heute weiß ich, daß diese Suppe nur das Produkt eines Gärungsprozesses war, aber damals bekam ich es nicht einmal mit, als der Tag der Wandlung endlich anbrach und Dinge geschahen, die dazu führen sollten, daß wir knapp zwei Wochen später in Wein geradezu baden konnten.

Das war der Tag, an dem wir Jan trafen, und natürlich begann er mit Zeichen über Zeichen. Wir saßen einen ganzen Vormittag lang an dem *water tank* (einer Art spiritueller Swimmingpool) eines großen Krishna-Tempels. Wir saßen auf den Stufen am Wasser und sahen dem Treiben zu. Wir beobachteten dabei verschiedene Dinge. Mirta sah den Frauen bei den heiligen Waschungen zu. Sie gingen mit ihren Saris in das Wasser, falteten die Hände vor der Brust und beteten. Dann zogen sie mit einer Hand Kreise im Wasser und tauchten danach ein paarmal unter. Einige füllten die rechte Hand und tranken. Alles geschah sehr ernsthaft und doch gelassen. Ich sah einen älteren Herrn, etwa dreißig Schritte vor mir. Er saß im Lotossitz und hatte ein Tuch vor sich ausgebreitet. Darauf standen viele Dinge. Aus der Ferne wirkten sie wie Schachfiguren, aber als ich einmal an ihm vorbeiging, sah ich, daß es spirituelle Gegenstände waren. Er spielte etwa eine halbe Stunde ununterbrochen damit. Mit der rechten Hand stellte er die Figuren in immer andere Positionen, während er gleichzeitig mit der linken Dinge tat, wie Wasser in verschiedene Gefäße zu schütten, kleine Schalen mit Feuer zu schwenken und mit einer hellen silbernen Glocke zu bimmeln. Dabei murmelte er fortwährend Sanskrit-Verse.

Von diesen älteren sanskritkundigen Herren gab es hier jede Menge. Sie machten alle einen hochgebildeten und feinen Eindruck, und der Anblick, wie sie da in ihren weißen Tüchern einherwandelten, erinnerte mich an Bilder, die ich mir vom alten Athen mache. Außerdem war die Tempelband ganz ausgezeichnet. Jeder einigermaßen große Tempel Indiens unterhält Musiker, die in etwa die gleiche Aufgabe erfüllen wie die Glocken in unseren Kirchen. Sie kündigen Anfang oder Ende gewisser Zeremonien an, und die Musik der Tempelbands hat glücklicherweise nichts mit den klassischen Langeweilern indischer Konzertisten zu tun. Die Tempelbands improvisieren mit ihren Trommeln und saxophonähnlichen Langflöten irre laut vor sich hin, und was ich an diesem Vormittag zu hören bekam, war der wildeste Free Jazz, der mir je zu Ohren gekommen war.

Dann kamen die Zeichen.

Zuerst pinkelte mir im Innersten des Tempels eine Kuh auf den rechten Fuß, dann verdunkelte eine Wolke tieffliegender Seeadler den Himmel, dann rammte mich auf der Straße fast ein Elefant, wenig später geriet direkt vor mir eine Katze unter die Räder eines *Ambassadors*, und schließlich, als wir wieder an den Stufen des Wassertanks saßen, glitt eine Schlange unter Mirtas Bein entlang. Ich hätte viel darum gegeben, jetzt Gandhis kleines Omenbuch bei mir zu haben, und hätte ich es dabeigehabt, dann wäre mir klargewesen, daß die *Zeit der Wandlungen* nahe war. Eine Schlange, die sich auf einen Reisenden zubewegt, bedeutet zwar *Kampf mit Feinden* oder *Tod eines Verwandten* oder *Ruin der Familie*, aber eine Schlange, die direkt unter dir ist, steht für *Sexualenergie* und deutet weiterhin an, daß man etwas wiederfindet, das man verloren hat.

Zu der Kuh. Alle Kühe sind bedeutsame Symbole, und wenn dir eine Kuh auf den Fuß pinkelt, dann heißt das, daß eine *fruchtbare Zeit* auf dich zukommt. Die tote Katze wiederum ist ein Omen für das *Ende einer Belagerung*, und wenn dir unverhofft ein Elefant begegnet, so ist das ein Zeichen, daß *kein Unglück* dich befallen wird. Aber ich hatte Gandhis Omenbuch leider nicht dabei, und deshalb verließ ich den Tempel genauso dumm, wie ich gekommen war.

Drei Stunden später saßen wir schon wieder an einem Tempel. Wesentlich kleiner und unfeiner war der, aber es gab einen Fluß und eine Bretterbude, in der man trockene Kekse und lauwarme Limcas kaufen konnte. Wir hatten zuvor in dem Fluß gebadet, wobei mir ein bernhardinergroßer Fisch beinahe ins Gesicht gesprungen wäre, und nun machten wir eine Zigarettenpause.

Dann hielt ein Bus auf dem Highway, und zwei Weiße stiegen aus. Ein Mann und eine Frau. Beide nicht sonderlich hübsch, aber irgendwie sofort sympathisch. Der Mann trug eine kurze Hose und darüber diesen typischen Gelehrtenkopf der Indologen. Ich verstand mich mit ihm auf Anhieb.

»*Hello, my name is Jan*«, sagte er, »*and that's Ann.*« Dann zeigte er auf unsere Räder, und ich erzählte, daß wir sie in Goa gekauft hätten und damit seit zehn Tagen unterwegs seien. »*That's great*«, meinte Jan, »aber ich glaube, wir können ruhig deutsch reden.«

Es stellte sich heraus, daß Jan aus Bayern stammte, aber seit gut zehn Jahren in England lebte. Hundert Meilen westlich von London. »Bath, eine schöne alte Stadt, von den Römern erbaut. Ist die Limca kalt?«

Während Jan aus meiner Flasche trank, holte ich unsere Landkarte aus der Reisetasche. Es war ein englisches Produkt, und deshalb stand etwa dreimal soviel darauf wie auf den in Indien hergestellten Karten. Jan bewunderte sie.

»Wo kommt ihr jetzt her?« fragte ich. Jan fuhr sofort mit seinem Zeigefinger über die Western Ghats. »Sieh mal, hier, eine Tagesreise mit dem Bus ins Land hinein, und man ist in einem Naturpark. Hier bei den Jag Falls. Ein wunderschöner See. Wir sind da viel zu Fuß gegangen. Und was habt ihr vor? Wohin soll eure Reise gehen?«

Jetzt fuhr ich mit dem Finger über die Landkarte, und zwar im großen Maßstab. Locker die Küste runter bis zur Spitze Indiens, dann links rüber auf die Hochebene von Tamil Nadu und anschließend, weil es da im Frühjahr so schön sein soll, in einem Rutsch hoch nach Nepal. Den Sommer würden wir in Kaschmir verbringen und den Herbst in Rajestan, und an Städten wollten wir unbedingt Benares, Kathmandu, Rishikesh, Jaipur, Delhi und Kalkutta sehen.

Jan grinste mich an.

»Wenn du wirklich etwas von Indien sehen willst, dann vergiß die *long distance trips*«, sagte er. »Hast du eigentlich eine Vorstellung, wie weit es von hier bis Benares ist? Die Leute rasen durch das Land und kriegen nichts mit, weil sie zu schnell sind. In Indien mußt du langsam werden, immer langsamer, bis du schließlich in irgendeinem Dorf anhältst und bleibst. Dann erst kommen die Geschichten auf dich zu.«

Natürlich hatte der Mann recht. *Long distance trips* sind gut für Mittelstreckenraketen, aber für Radfahrer taugen sie nichts. Ich faltete die Landkarte wieder zusammen und begann, mich nun vernünftig mit Jan zu unterhalten. Er war eine Plaudertasche, 48 Jahre alt, zum zwölftenmal in Indien und Sanskrit-Experte. Er sprach die wichtigsten Hindi-Dialekte, natürlich auch griechisch, türkisch und arabisch, und außerdem war er ein intimer Kenner des englischen Verlagswesen. Er übersetzte Reiseschriftsteller. So kamen wir auf mein Buch zu sprechen, ein Thema, das Jan dazu nutzte, die zeitgenössische deutsche Reiseliteratur niederzumachen. In England, so Jan, mache man sich herzhaft über unsere Abenteuerschreiber vom Schlage Rüdiger Nehberg lustig und über die Riege der harten Deutschen, die im Amazonas auf Krokodiljagd gehen und sich nachher von Indianernutten einen blasen lassen. Understatement, das sei es, was die Briten liebten.

»Ein guter Schriftsteller untertreibt.«

Das hätte er nicht sagen sollen, denn das ist Quatsch. Und außerdem glaubte ich schon während dieses Gesprächs, den *bernhardinergroßen Fisch* verteidigen zu müssen, der eine gute Stunde zuvor mir beinahe ins Gesicht gesprungen war. »Understatement« sei die schlimmste Form der »Eitelkeit«, widersprach ich deshalb. »Ich zum Beispiel übertreibe aus Prinzip. Von Haus aus. Mein Vater war ein begnadeter Angeber. Alle geben an, und wenn einer Understatement betreibt, dann sagt er damit doch nur, daß er es nicht nötig hat anzugeben, weil er ein so verdammt guter Junge ist. Wirklich, Jan, im Falklandkrieg hätten die Briten ruhig etwas mehr Understatement an den Tag legen können. Aber wegen so einer Schafsinsel mußten sie klotzen, da kam man aus dem Staunen nicht mehr heraus. Nur beim Bücherschreiben kriegen sie dann wieder blaue Finger. Understatement!«

So ging es, während die Frauen andächtig schwiegen, noch eine Weile hin und her, dann beschlossen wir, uns in Coondapoor wiederzutreffen, und brachen auf.

Bis Coondapoor waren es nur noch knapp 15 Kilometer. Wir hätten das in einer Stunde geschafft, wenn Mirta nicht auf die Idee gekommen wäre, wieder mal am Strand entlangzufahren. Ich hatte eigentlich keine Lust dazu, aber ich befürchtete, daß sie mich dann zum x-tenmal als einen autoritären Arsch hinstellen würde, der ihre Wünsche nicht akzeptiert.

Es war eine schlechte Idee. Die Sonne hatte sich noch längst nicht beruhigt, und der Sand war aus irgendeinem Grund auch nicht so hartgewaschen, wie wir es von Goa gewohnt waren. Wir kamen nur schwer voran, fuhren weit auseinander und sprachen kein Wort. Tote Fische lagen am Strand, ein paar Hunde liefen hinter uns her, Kinder schrien ihr »*Hello*«. Ich stellte bald fest, daß der Highway einen anderen Verlauf genommen hatte. Wir sahen ihn nicht mehr, hörten keine Motorengeräusche. Wir fuhren in die falsche Richtung. Ich wußte es und quälte mich trotzdem weiter. Erst, als es vor meinen Augen zu flimmern begann und ich Stiche im Kopf spürte, hielt ich an.

»Wir müssen runter vom Strand, Mirta.«

Wir schoben die Räder durch den tiefen Sand, durchquerten einen Palmenwald und erreichten eine Straße. Es war nicht der Highway, dafür war die Straße zu schmal, aber sie führte uns in ein Fischerdorf. Die Fischer in Indien sind entweder Moslems oder Christen, weil die Hindus sich nicht für Fische interessieren. In dem Restaurant, das wir aufsuchten, stank es nach Fleisch. Über jedem Tisch hing eine schwarze Wolke voller Fliegen. Der Wirt, ein grobschlächtiger Mann, sprach ein paar Brocken Englisch. Nein, die Straße führe nicht nach Coondapoor. Aber hinter dem Dorf beginne eine andere, noch kleinere Straße, und über die würden wir den Highway erreichen. Die ersten Kinder drängten sich durch die Tür des Restaurants und bauten sich vor unserem Tisch auf. »*One rupee each for the show*«, sagte ich, aber sie verstanden nicht. Wir bezahlten und machten, daß wir davonkamen. Die Kinder rannten schreiend hinter den Rädern her. Zwanzig, dreißig und mehr. Es war nicht leicht, sie abzuschütteln.

Hinter dem Dorf bog tatsächlich eine Straße nach rechts ab. Die Landschaft wurde idyllischer, kleine Hügel, mit sattem Grün bewachsen.

Ich mußte pissen.

Ich hielt und hob den Lungi hoch, dieses hellblaue indische Hüfttuch, das ich immer häufiger als einziges Kleidungsstück trug. Mirta machte wieder einmal eine abfällige Bemerkung über meine häßlichen weißen, viel zu langen Beine, und ich dachte, daß sie mich langsam am Arsch lecken könne. Noch ein paar Hügel hinauf und wieder hinunter, dann rollten wir endlich zurück auf den Asphalt des National Highway Nr. 17.

Wie schön kann so ein Highway sein. Breit und jetzt auch von Palmen gesäumt, die ihren Schatten auf uns warfen, wenig Schlaglöcher, erträglicher Verkehr. Wir fuhren auf einer großen Brücke über den Fluß. Der Verkehr nahm zu. Es roch nach Eiscreme, Milchshakes und Barbieren. Wir hatten Coondapoor erreicht.

Wir mochten die Stadt sofort. Die engen Straßen, auf denen

wir uns schnell dem Zentrum näherten, waren nicht asphaltiert, die Häuser standen dichtgedrängt und waren zumeist eingeschossig. Viele Hunde, viele Katzen, die ersten Ochsenkarren. Wir bogen in die Hauptstraße ein und hielten uns rechts, denn so hatte uns Jan den Weg zu dem Hotel beschrieben, in dem er und Ann wohnten. Wir stiegen von den Rädern und schoben sie neben uns her. Es war spät am Nachmittag, und es war viel Betrieb, denn die Inder lieben es, vor dem Anbruch der Dunkelheit auf der Straße zu sein, Einkäufe zu machen, Caféhäuser zu besuchen. Ein Geschäft reihte sich an das andere, kleine Werkstätten, Kioske, sogar ein Kino.

Das Hotel konnten wir nicht übersehen. Ein zweistöckiger hellblauer Bau mit rosa Streifen. Ein paar dieser lustigen indischen Autos parkten auf dem Hof, vor der Rezeption stand eine Gruppe herausgeputzter Inder, die offensichtlich im Begriff waren, eine Hochzeitsfeier aufzusuchen.

Wir bekamen für 15 Rupien ein großes Doppelzimmer mit sauberen Betten und grünen Wänden, fließendem Wasser und annehmbarem Ventilator. Der Hotelboy, ein kleiner dünner Mann mit lieben Augen, bezog uns die Betten, brachte einen Tonkrug mit frischem Wasser und fragte, ob wir Kaffee wollten.

Jan und Ann wohnten ein Stockwerk über uns. Der Hotelboy führte uns zu ihrem Zimmer. Jan war mit Schreiben beschäftigt, Ann planschte auf der Toilette. »Wie wäre es, wenn wir essen gingen«, sagte Jan, »ich kenne ein gutes Restaurant.«

Eine halbe Stunde später saßen vier hungrige, aber gutgelaunte Europäer in dem *family room* des »Krishna Brahmin Hostel«. Es gehörte wie alle »Brahmin«-Restaurants zu den sauberen, stillen Orten, in die sich die obere Hinduklasse zum Speisen begibt. Die Köche sind Brahmanen, und man kann deshalb sicher sein, daß sie ihre Hände gewaschen haben, bevor sie den Reis zubereiten, denn so befiehlt es die Religion.

Wir hatten uns um einen großen Tisch gesetzt, ein *Servant* zündete Kerzen und Räucherstäbchen an, ein anderer brachte Reis, Gemüse, geröstete Nüsse, Obst und Joghurt. Eine fast luxuriöse Angelegenheit, gemessen an dem, was wir in den letzten zwei Wochen zu beiden Seiten des Highway zu uns genommen hatten. Wir fühlten uns behaglich und plauderten gelassen mit unseren neuen Freunden. Ann wurde mir immer sympathischer. Sie war nun wirklich keine Schönheit, und die Vierzig hatte sie wohl auch seit einiger Zeit hinter sich. Aber sie strahlte Wärme und Herzlichkeit aus. Sie erzählte, daß sie in England in einem Kotten lebe, draußen in den Wäldern von Avon, und sie verdiene ihr Geld damit, Landhäuser zu renovieren und einzurichten. In Indien gefalle es ihr gut, obschon das Klima ihr zu schaffen mache. Asthma, das sei ihr Problem. Wie es denn Mirta ergehe, wollte Ann wissen. Sie müsse es doch eigentlich leichthaben.

»Du siehst ja aus wie eine Inderin.«

Mirta sah das anders.

»So einfach ist das nicht«, sagte sie. »Die Leute denken wohl, daß ich eine Inderin bin, aber mein Verhalten ist nicht typisch für eine indische Frau. Es ist alles ungewöhnlich an mir. Ich trage keine Saris, ich fahre Fahrrad, ich bin mit einem blonden Mann unterwegs, ich rauche. Die Aufmerksamkeit ist groß, und ich fühle mich immer beobachtet. Einmal, in einem kleinen Dorf, hörte ich, wie jemand »*indian hippie*« rief und auf mich zeigte. Ich habe das Gesicht des Mannes gesehen, der das sagte, und habe mich gefürchtet. Den ganzen Tag überlegte ich, was ihm durch den Kopf gegangen sein mag.«

Mirta zündete sich eine Zigarette an. »Ich fühle mich noch nicht in meiner Mitte und kann das Hiersein nicht immer genießen. Ich will irgendwie dagegen kämpfen. Diesen Zustand des Sich-ständig-angegriffen-Fühlens ändern. Aber je mehr ich dagegen ankämpfe, desto stärker kommt es.

Andrerseits fühle ich mich in Indien doch wohler als in Europa. Die Atmosphäre der Natur hier und die Atmosphäre, die die Menschen in ihrer Alltäglichkeit verbreiten, die Fischer in den Dörfern, die Kinder, das alles läßt mich an Argentinien zurückdenken und mich manchmal heimisch fühlen. Also, es ist beides.«

»Bei mir läuft das genau umgekehrt«, sagte ich, »ich bin groß und weiß und habe blonde Haare, und die Inder scheinen das sehr zu lieben. Ich spüre ihr Wohlwollen, wohin ich auch komme.«

»Ja, er hat sich wie ein Pfau aufgeplüscht«, warf Mirta ein. »Ich finde ihn nicht so hübsch, aber irgendwie ist es nicht schlecht, so einen selbstbewußten Arsch dauernd vor sich zu haben.«

»Ihr seid wie ein altes Ehepaar«, lachte Jan.

»Wir streiten uns ganz gut«, sagte ich. »Aber mal im Ernst. Richtigen Kontakt hatten wir mit den Indern bisher noch nicht. Ihr ewiges ›*what's your name*‹ und ›*what's the time*‹ nervt mich eigentlich nur. Das hohe Ideal, das ich zu den glorreichen Hippiezeiten von ihnen hatte, trifft jedenfalls bisher auf noch niemanden zu. Ich rede jetzt allerdings nur von den Männern. Die indischen Frauen sind eine ganz andere Geschichte. Sie scheinen viel stärker als ihre Männer zu sein. Sie sind auf eine stille Art stolz. Wenn von der alten Kultur Indiens noch etwas übrig sein sollte, dann bestimmt nur in der Haltung dieser Frauen, die, wenn ich es richtig beobachtet habe, die ganze Last der Familie alleine tragen. Aber ich bin mir bewußt, daß ich zu schnell urteile. Wie gesagt, tiefen Kontakt zu den Menschen hatten wir noch nicht.«

Jan nickte. »Ich verstehe euch ganz gut. Was ihr erzählt, ist die übliche ›*love and hate*‹ relationship zu diesem Land. Was glaubst du, wie viele Leute, die zum erstenmal nach Indien kommen, hier einen absolut schlechten Trip durchmachen. Die sind heilfroh, wenn sie wieder im Flugzeug sitzen. Aber nach einem Jahr packt es sie plötzlich, und sie kommen wieder und erleben genau das Gegenteil. Das ist das Wesentliche an Indien. Du liebst es oder haßt es oder beides gleichzeitig. Aber gleichgültig wirst du Indien gegenüber nie sein. Es ist immer eine Konfrontation. Ich bin nun wirklich oft in Indien und wundere mich immer wieder. Doch eines habe ich verstanden. Du mußt mit den Menschen in Kontakt bleiben. Immer wenn ich den Kontakt zu Indern verloren hatte, wurde es langweilig. Hier in Coondapoor, zum Beispiel, haben Ann und ich vor ein paar Tagen einen Mann kennengelernt, Narendra. Er besitzt einen kleinen Laden, direkt gegenüber vom Busbahnhof. Er ist sehr intelligent und spricht gut englisch. Wir haben nur ein paar Worte mit ihm geredet, da hat er uns schon zum Essen eingeladen. Er hat mir von einem Ort erzählt, etwa sechzig Meilen von hier entfernt, am Fuß eines heiligen Berges. Ein Pilgerort, der voll mit Sadhus und Brahmanen sein soll. Wir haben uns entschlossen, in diese Stadt zu fahren. Übermorgen wahrscheinlich.

Narendra hat uns übrigens auch einem alten Baba vorgestellt. Ein wunderbarer Jogi. Wenn du ihn ansiehst, fließt du weg. Er heißt Ram-Ram. Er kommt eigentlich aus der Nähe von Bangalore und ist nur für ein paar Wochen in diesem Pilgerort zu Besuch. Ich will ihn unbedingt noch einmal treffen.

Also, ich denke, wir werden übermorgen zu dem Berg hinauffahren. Aber vorher wollen Ann und ich uns Räder ausleihen und ein wenig die Gegend um Coondapoor erkunden. Wie wäre es mit noch etwas Chai?«

Wir tranken noch jeder eine Tasse Tee, und ich bot den beiden unsere Fahrräder für den kommenden Tag an. »Sie sind gut eingefahren und schnell. Wir brauchen erst mal eine Pause vom Radeln.« Jan nahm den Vorschlag dankend an, dann bezahlten wir und gingen durch die Dunkelheit zurück in das Hotel.

Als Mirta und ich in unseren Betten lagen, fragte ich sie, was sie davon halte, wenn wir Jan und Ann zu dem heiligen Berg begleiten würden. »Wir lassen die Räder einfach in Coondapoor und sehen mal, was auf uns zukommt.«

Mirta fand, daß dieser Vorschlag eine sehr gute Idee sei.

Der Rest der Nacht gehörte den Kakerlaken.

Auszug aus Mirtas Tagebuch

18. Januar 1984, Coondapoor

Irgendeine Spannung liegt zwischen uns. Vielleicht läßt meine eigene Unzufriedenheit mich gegen Helge auflehnen. Wir gehen frühstücken in das Lokal, in dem wir gestern abend mit Jan und Ann waren. Die beiden sind mit unseren Fahrrädern unterwegs. Wir gehen schnell. Es ist fast Mittag und sehr heiß. Das Restaurant ist leer. Mir ist traurig zumute. Helge fragt mich, ob ich es anstrengend finde, mit ihm zu reisen. »Ja, es ist irgendwie anstrengend. Mit Jürgen wäre es anders gewesen.« Ich fühle mich immer trauriger, und Helge scheint sich auch nicht wohlzufühlen. Wir essen schweigend.

Ich schaue aus dem Fenster. Unten ist das Stück einer Straßenecke zu sehen. Indische Geschäftigkeit. Gelassenheit. Man steht irgendwo im Schatten. Man sitzt im Geschäft und raucht. Man liest Zeitung. Genau unter mir sehe ich eine Frau auf Zeitungspapier sitzen. Sie sieht arm aus. Hat einen runden Korb vor sich liegen, mit kleinen runden orangen Kugeln darin. Es sind Früchte. Ich beobachte sie mit großer Aufmerksamkeit. Sie wartet geduldig auf einen Käufer. Es kommen viele Menschen an ihr vorbei, reiche und ärmere, mittelständische Inder. Kinder und Leute auf Fahrrädern, Männer und Frauen. Bei jedem, der vorbeikommt, sehe ich eine Hoffnung in ihr aufsteigen. Sie könnte etwas von ihren Früchten verkaufen. Aber alle gehen an ihr vorbei und nehmen sie nicht wahr.

Sie gibt sich der Situation hin und wartet geduldig. Ich denke, daß sie wohl Kinder hat, die sie ernähren muß, und daß dieser Job hier ihre Einnahmequelle ist. Ich denke, daß sie die Früchte selbst gepflückt hat, oder ihre Kinder haben es getan, um damit etwas Geld zu beschaffen. Das Überleben ist in Indien nicht einfach, aber jeder versucht es auf seine Art und Weise. Ein Junge kommt und sieht zwei von den Früchten hinter der Frau auf der Straße liegen. Er hebt sie auf und kaut genüßlich an ihnen herum. Sie scheinen ihm zu schmecken. Ich fühle mit dieser Frau.

Kleine Kinder kommen plötzlich um die Ecke. Immer mehr. Die Schule ist wohl vorüber. Sie tragen Hefte und Bücher in der Hand. Ein Mädchen nähert sich der Frau und kauft ihr von den Früchten ab. Die Frau holt einen Becher aus dem Korb, mit dem sie abwiegt, wieviel sie für die Paisa gibt. Ich freue mich so für sie, daß sie endlich etwas in ihren Geldbeutel tun kann.

Sie ist wirklich arm. Was sie für die Früchte bekommt, sind ein oder zwei Paisa. Und nach dem zu urteilen, wie heute das Geschäft für sie läuft, wird es wohl gerade für einen Chai zu Hause reichen. Plötzlich spüre ich eine Nähe zu Indien. Ich nehme mir vor, ihr etwas abzukaufen. Wir verlassen das Restaurant, und ich gehe direkt zu der Frau und gebe ihr ohne ein Wort zu sagen fünfundzwanzig Paisa. Ich bekomme eine Handvoll Früchte dafür. Ich teile sie mit Helge. Wir gehen zum Fluß und sitzen lange dort. Helge schweigt und schweigt. Irgend etwas geht in ihm vor.

Ich wollte nicht mit Mirta sprechen. Ich wollte allein sein. Ich wäre auch lieber ohne sie zum Fluß runtergegangen. Aber ich konnte ihr das nicht sagen. Ich konnte überhaupt nichts sagen. Ich saß stumm wie ein Fisch an dem breiten Strom, der am

Rande der Stadt dem Meer entgegenfließt, und starrte finster in das Wasser.

Die Wolken waren schon da, noch bevor ich heute morgen aufgestanden war. Aus dem Nichts heraus hatten sie meine Stimmung verdüstert, und ich hatte keine Ahnung, warum. Nein, das stimmte nicht ganz. Ich wußte schon, was los war, aber ich hatte nicht die geringste Lust, mehr darüber nachzudenken, warum Mirta mich nicht zwischen ihre Beine ließ. Ich hatte zu oft darüber nachgedacht und viel darüber geredet, und nichts war dabei herausgekommen. Man muß sich das einmal vor Augen führen. Ich sah sie jeden Tag, jeden Morgen, wenn wir zu Bett gingen, wenn wir aufstanden, wenn sie sich duschte, wenn sie sich kämmte, sich schminkte und einölte. Ich sah sie angezogen und ausgezogen, und ihre Brüste, ihre Taille, ihr Schoß, ihre Schenkel verströmten Sinnlichkeit. Diesen Geruch hatte ich ständig in der Nase, und ich hielt die Spannung langsam nicht mehr aus.

Dazu ihr dauerndes Gemecker über mich. *Tu das nicht, tu dieses nicht. Du bist eingebildet, eitel, unsensibel und was weiß ich.* Eine üble Mischung: Begierde, verletzte Männlichkeit, Aggression. Es gärte seit Tagen in meinem Bauch, und es kam in mir hoch, in Intervallen, wie das Gefühl, kotzen zu müssen. Natürlich war Indien eindrucksvoll genug, um mich abzulenken, und es gab auch Ruhepausen dazwischen, in denen wir uns ganz einfach nur liebhatten und jeder den anderen respektierte. Aber diese Augenblicke wurden immer seltener und verloren immer mehr an Kraft. Der Abend mit Jan und Ann war so eine Pause gewesen, wir waren danach sogar Arm in Arm zum Hotel gegangen. Aber nun, da unten am Fluß, lagen mal wieder die Schatten der Finsternis auf meinem Geist, ich war sauer und abgrundtief desillusioniert.

Scheiße, dachte ich, es war ein Fehler, Mirta mit nach Indien zu nehmen. Alle haben sie mich davor gewarnt. *Mit*

Frauen zu reisen ist gefährlich. Das kann dir den ganzen Trip versauen. Jetzt sitze ich in der Grube. Ich habe verloren, wieder mal verloren. Eben hat sie wieder von Jürgen geredet, ihrer großen Liebe, mit der alles besser ging. Merkt sie eigentlich gar nicht, wie sehr mich so was kränkt? Wahrscheinlich nicht. Sie denkt nur an sich. Ihre Gefühle, ja, die nimmt sie sehr wichtig, die werden gepflegt und gehätschelt und dick ins Tagebuch geschrieben. Aber was ich denke, was ich fühle, wie es mir zumute ist, interessiert sie einen Dreck. Wenn ich von meinen Sachen anfange, dann ist das die pure Belästigung für sie. *Was habe ich mit deiner Sexualität zu tun? Das sind deine Ansprüche, mein Lieber. Das nervt mich* ... Ich glaube, es reicht. Es hat keinen Sinn mehr. Ich bin lange genug hinter dieser Frau hergelaufen.

Das war so in etwa der Text, der mir unten am Fluß durch den Kopf zog, und es war das erste Mal, daß ich ernsthaft bereit war, mich von Mirta zu trennen. Ich stand auf und gab ihr die kleinen Früchte zurück. Sie schmeckten mir nicht. Dann gingen wir zum Hotel.

Jan und Ann waren noch nicht mit unseren Rädern zurück. Ich war ganz froh darüber, denn ich hatte mir vorgenommen, das I Ging zu werfen. Es war eine seriöse Situation für ein Orakel, denn ich war einigermaßen ratlos und dabei zu allem bereit. Stand ich vor dem Ende unserer Liebe (negativ gesehen), dem Ende einer großen Täuschung (positiv gesehen)? Oder war ich nur ein Arsch mit Ohren? Ein geiler Späthippie, der es nicht geschafft hat, eine schöne Indianerin zu knacken? Ich holte das »Buch der Wandlungen« aus der Reisetasche, setzte mich mit gekreuzten Beinen auf mein Bett und warf die Münzen.

Das I Ging besteht aus 64 Zeichen. Es sind Hexagramme aus sechs übereinanderliegenden Linien, und zu jedem dieser Hexagramme findet sich in dem »Buch der Wandlungen« ein

Text, der die Situation, in der der Fragende sich befindet, erläutert und der Antworten gibt, was die Zukunft betrifft. Die der Frage entsprechenden Zeichen erhält man, indem man Schafgabenstengel nach einem komplizierten System legt oder Münzen wirft. Letzteres geht schneller.

Befragung des I Ging
Coondapoor, 18. Januar 1984

54. GUI ME
DAS HEIRATENDE MÄDCHEN

– – oben Dschen, das Erregende, der Donner
– –
———

–x– unten Dui, das Heitere, der See
———
———

Oben ist Dschen, der älteste Sohn, unten Dui, die jüngste Tochter. Der Mann geht voran, das Mädchen folgt ihm erfreut. Es wird der Eintritt des Mädchens in das Haus des Mannes geschildert. Es gibt im ganzen vier Zeichen, die die Beziehung zwischen Gatten schildern. Nr. 31, Hien, »allseitiger Einfluß«, schildert die Anziehung, die ein junges Paar aufeinander ausübt. Nr. 32, Hong, »die Dauer«, schildert die dauernden Verhältnisse der Ehe. Nr. 53, Dsien, »die Entwicklung«, schildert die zögernden zeremoniellen Vorgänge beim Abschluß einer korrekten Ehe. Gui Me, »die Heirat des Mädchens«, endlich zeigt einen älteren Mann, dem ein junges Mädchen zur Ehe folgt.

Bemerkung: In China herrscht formell die Einehe. Jeder Mann hat nur eine offizielle Frau. Diese Verbindung, die weniger die beiden Beteiligten als die Familien angeht, wird unter strenger

Beobachtung der Formen geschlossen. Doch behält der Mann das Recht, auch den zarten Neigungen persönlicher Art Gehör zu schenken. Ja, es ist die schönste Pflicht einer guten Frau, ihm darin behilflich zu sein. Auf diese Weise wird das Verhältnis ein schönes und offenes. Das Mädchen, das nach der Wahl des Mannes in die Familie eintritt, ordnet sich der Hausfrau bescheiden unter, als jüngere Schwester. Selbstverständlich handelt es sich hier um sehr heikle und zarte Fragen, die viel Takt auf jeder Seite erfordern. Doch wenn die Umstände günstig sind, findet sich hier die Lösung eines Problems, die der europäischen Kultur nicht gelungen ist. Selbstverständlich entspricht die Weiblichkeit in China so wenig dem Ideal, wie die Ehen in Europa durchschnittlich im Einklang mit den europäischen Eheidealen sind.

DAS URTEIL

DAS HEIRATENDE MÄDCHEN
UNTERNEHMUNGEN BRINGEN UNHEIL
NICHTS, DAS FÖRDERND WÄRE

Ein Mädchen, das in die Familie aufgenommen ist, ohne Hauptfrau zu sein, muß sich besonders vorsichtig und zurückhaltend benehmen. Es darf sich nicht von sich aus aufmachen, um die Hausfrau zu verdrängen, denn das würde Unordnung bedeuten, und man käme dadurch in unhaltbare Verhältnisse.

Das bezieht sich auf alle freien Verhältnisse unter Menschen. Während die rechtlich geordneten Verhältnisse einen festen Zusammenhang von Pflichten und Rechten aufweisen, beruhen die Neigungsverhältnisse der Menschen in ihrer Dauer rein auf taktvoller Zurückhaltung.

Diese Neigung als Prinzip der Beziehung ist von größter Bedeutung in allen Verhältnissen der Welt, denn aus der Vereinigung von Himmel und Erde kommt der Bestand der ganzen Natur, und ebenso ist unter Menschen die freie Neigung als Prinzip der Vereinigung Anfang und Ende.

Eine wunderliche Antwort hatte mir das Orakel gegeben. Eine harte Nuß, die sich nicht so leicht knacken ließ. Der Anfang des Zeichens war ja noch recht eingängig, erstaunlich einleuchtend sogar. Vier von insgesamt 64 möglichen Orakelsprüchen des I Ging handeln von *der Beziehung zwischen Gatten*, und ich bekomme prompt eine dieser vier. DAS HEIRATENDE MÄDCHEN. Das traf genau meine Frage, und so was macht Mut. Obschon die Antwort des Orakels völlig anders ausfiel, als ich es erwartet hatte. Ich glaubte ja, während ich die Münzen warf, daß die Beziehung zwischen Mirta und mir an ihrem Ende angelangt sei, aber das I Ging sagte klar und deutlich: gui me, »*die Heirat des Mädchens*«, *zeigt einen älteren Mann, dem ein junges Mädchen zur Ehe folgt.*

So weit, so gut. Würde damit der dem Zeichen zugehörige Text im Buch der Wandlungen enden, hätte ich gesagt: »Alter, man kann sich irren. Die Sache hört nicht auf, sie fängt gerade an. Sei nicht kleinmütig, mach den Rücken gerade und vertraue auf Gott.« So etwas in der Art hätte sich mir aufgedrängt.

Aber heimtückischerweise war die Antwort des I Ging damit noch nicht beendet, und was dann folgte, war mir völlig unverständlich, war ein *mind blow*, wie gewisse Leute sich in diesem Falle ausdrücken würden. Was um alles in der Welt soll diese Geschichte mit der Hausfrau und der Nebenfrau bedeuten, mit der Gattin und der Geliebten? Es ist ohne Zweifel nicht uninteressant, etwas über die altchinesischen Eheverhältnisse zu erfahren, über das Recht des Mannes, *auch den zarten Neigungen Gehör zu schenken*, und über die Pflicht einer guten Frau, *ihm darin behilflich zu sein*. Mit Sicherheit findet sich darin die Lösung eines Problems, *die der europäischen Kultur nicht gelungen ist*, aber was, so fragte ich mich, hat das mit mir und Mirta zu tun? Offensichtlich gar nichts.

Wenn Mirta wirklich *mir zur Ehe folgen* sollte (und alles in allem fand ich diese Vorstellung plötzlich doch wieder sehr angenehm), dann bestimmt nicht als Nebenfrau. Seitdem ich sie kannte, ist sie die Frau meines Lebens gewesen, da gab es nicht irgendeine andere neben ihr, geschweige denn über ihr. Nein, in diesem Falle gibt es keine Haus- oder Hauptfrau, der sich das Mädchen unterordnen muß. Ich glaube, liebes I Ging, du hast dich geirrt.

Aber das I Ging irrt sich nie.

Man muß lediglich damit umzugehen wissen.

Und das heißt: man muß verstehen, was ein Orakel ist.

Grundsätzlich kann gesagt werden, daß das I Ging zu den magischen Wissenschaften gehört, genauso wie das Tarot, die Astrologie und die Sprache der Omen, um nur einige dem I Ging verwandte Disziplinen zu nennen. In jeder Kultur finden sich diese magischen Disziplinen, und je höher eine Gesellschaft entwickelt ist, desto feiner sind die Methoden. Unsere gegenwärtige westliche Kultur hat, um es höflich zu sagen, eher schlichte Orakel anzubieten. Die Wettervorhersage zum Beispiel, die Meinungsforschung, gewisse politische Kommentare und diese Wahnsinnstexte, die gewöhnlich von unseren Versicherungsvertretern losgelassen werden. All das beschäftigt sich mit der Zukunft. Mit der Frage, was da kommen könnte und wie man dem begegnet. Wie gesagt, diese heutzutage bei uns praktizierten Orakel sind recht plumper Natur und liegen in etwa auf demselben Niveau wie der Glaube der Balinesen, der allen Ernstes besagt, daß Dämonen ausschließlich geradeaus rasen und daß deshalb jeder, der dem Unheil entgehen will, sich nur im Zickzack fortzubewegen braucht.

Die Kultur des alten China, um auf das I Ging zurückzukommen, war jedoch eine sehr hochstehende und weitentwickelte Kultur. Es gibt Leute, die sagen, was Besseres habe es nie gegeben. Konfuzius und Laotse seien Jungs gewesen, neben denen selbst noch ein Gotama Buddha alt aussehe. Wie dem auch sei. Jedenfalls ist das I Ging die Essenz der chinesischen Philosophie, in dieses Orakel haben die Schlitzaugen all ihr Wissen hineingepackt.

Und deshalb fiel es mir schwer, zu glauben, daß sich das I Ging geirrt habe.

Ich hatte mich geirrt, oder besser, ich verstand es nicht. Ich fand nicht den Schlüssel zu dem Orakelspruch. Aber ich mußte ihn finden. Ich hatte mich bereits viel zu sehr auf das Orakel eingelassen. Die Geister, die man ruft, wenn man seriös die Münzen wirft, sind mächtig. Seriös die Münzen werfen heißt, daß man dabei tief, wirklich tief, in seine Frage eintaucht. Nichts anderes ist mehr wichtig, nichts von all dem, was sonst noch um und in einem ist, wird wahrgenommen. Nur die eine Frage existiert in diesem Augenblick, ihr gibt man alle Konzentration, alle Macht. Wie ging doch noch dieser Spruch von irgendwem: *In der richtig gestellten Frage liegt bereits die Antwort.*

Aber es kommen auch schon mal Unfälle vor. Ein Denkfehler, eine nichtige Beschränktheit, und du stehst vor der Antwort des Orakels wie ein Ochse vor dem Bahnhof. Blackout, Mindblow, Geisterbahn.

Und dummerweise kann man in so einer Situation dann nicht einfach sagen: »O. k., es hat nicht geklappt heute, vergessen wir es.« Das geht nicht. Dafür hat man sich bereits zu sehr auf die Frage eingelassen. Da gibt es keinen Rückzug mehr, zumindest keinen eleganten. Wenn du ein Auto reparieren willst und den Motor bereits auseinandergenommen hast, mußt du auch weitermachen, das ist doch logisch.

*Tempeltänzerin: Ich weiß nicht mehr ihren Namen,
ich weiß nicht mehr, wo sie tanzte, ich weiß nur, daß nicht
nur für Gott ihr Anblick ein Augenschmaus war.*

Die dschungelüberwachsenen Berge der Western Ghats waren voller Tiger und Jogis.

Mein Guide – mein Mädchen. Mirta war gerade nicht so superglücklich, weil ich so gemein zu ihr war.

Wenn ich unter diesem Baum meditierte, sah ich innen wie außen dasselbe: Gott ist schön.

*Hotelpersonal in Südindien. Er brachte den
Tee und das Marihuana.*

Kleiner menschen-, aber nicht gottverlassener Tempel in Südindien.

*Mirta kam aus Argentinien, aber wenn sie nicht rauchte,
glaubten die Inder, sie sei eine der ihren.*

*Das Restaurant des »Rama Krishna Hotel«.
Licht und Schatten und Mango-Lassi.*

*Beim Zähneputzen in Südindien.
Das Badezimmer war ein Brunnen.*

*Der Jogi Kalidassa hatte keine Angst vor den Tigern,
die in der Nähe waren, wenn er meditierte.*

Kurz, ich versuchte, das Orakel zu verstehen. Ich gab mir alle Mühe, dahinterzukommen, was es mit diesen Haupt- und Nebenfrauen auf sich hatte.

Auf ein neues.

Als erstes sollte ich mal flexibler mit den Symbolen werden und die Rollen tauschen. Es ist ja inzwischen eine gängige Floskel, von der *Frau im Mann* zu sprechen oder umgekehrt. Jeder Mensch hat beide Prinzipien in sich, den *Nur-Mann* und die *Nur-Frau* gibt es nicht, von John Wayne mal abgesehen. Ich, zum Beispiel, fühle mich des öfteren durchaus als Frau oder träume davon, eine zu sein, und Mirta flucht hin und wieder wie ein kanadischer Holzfäller. Lege ich das I Ging also in diesem erweiterten Sinne aus, dann könnte durchaus ich *das Mädchen* sein, das in die Ehe eintritt, und Mirta ist der *ältere Mann*. Das würde einiges erklären. Hatte Mirta nicht heute wieder von Jürgen geredet, was sie des öfteren tut? Noch in Goa schrieb sie ihrem ehemaligen Freund, daß sie ihn noch immer liebe. Jürgen ist für mich so eine Art Phantom, ein Übermensch, gegen den ich nie angekommen bin. Er besetzt einen zentralen Platz in Mirtas Herzen, und das mußte ich von Anfang an akzeptieren. So gesehen, wäre also Jürgen die Hauptfrau, der gegenüber ich mich (das Mädchen) *vorsichtig und zurückhaltend* benehmen muß und die ich auf keinen Fall verdrängen darf. Wenn ich es mir recht überlege, genauso habe ich mich oft gefühlt. Der ewige Zweite im Garten der Liebe.

Das machte Sinn, aber irgendwie war ich dann doch nicht mit dieser Antwort zufrieden. Die humpelte mir zu sehr, da paßte noch immer was nicht rein. Der *ältere Mann* (Mirta) hat sich laut I Ging *das Mädchen* (mich) ausgesucht, seinen *zarten Neigungen persönlicher Art* entsprechend. In unserer Beziehungsgeschichte aber war ich es, der bis oben hin voll mit zarten Neigungen Mirta hinterhergelaufen ist, und sie hegte ihrerseits zarte Neigungen nicht zu mir, sondern zu Jürgen. In der I Ging-Terminologie gesprochen, hieße das: *Mädchen mit zarten Neigungen persönlicher Art dringt in das Haus eines älteren Mannes ein, der seine Frau liebt.* Und so stand es gewiß nicht in dem »Buch der Wandlungen«. So nicht. Aber wie wäre es mit: *Älteres Mädchen sucht geneigten Mann mit Hausfrau persönlicher Art.* Auch nicht schlecht. Und wie finden Sie diesen: *Zarte Frau mit altem Mann sucht artiges Mädchen fürs Haus.* Und schließlich, um es nun wirklich zu beenden: *Mann / Frau sucht altes Haus in zentraler Lage mit Blick auf Bahnhof.*

Rums, wums, rabums.

Das war C. G. Jung, der sich dreimal im Grabe umdrehte, und dann kamen Jan und Ann zur Tür herein.

»Oh, du hast ein I Ging geworfen«, sagte Jan, als er das »Buch der Wandlungen« auf dem Bett liegen sah.

»Laß uns bitte nicht davon reden«, antwortete ich und klappte das Buch zu. »Aber setzt euch doch.«

Sie taten es.

»Eure Räder sind ja wirklich phantastisch, verglichen mit denen, die man sonst in Indien bekommt«, sagte Jan. »Sie laufen so gut wie englische.«

»Ja, mein Lieber, die sind gut eingefahren. Und außerdem ölen wir sie jeden Tag. Mich ärgert nur, daß ich mit meinem ins Salzwasser geraten bin, als wir in Goa über den Strand gefahren sind. Die Speichen rosten ziemlich schnell.«

Ich war heilfroh, daß die beiden bei uns saßen, und außerdem waren die Wolken weg. Das I Ging hatte mich zwar, was meine Fähigkeit betrifft, magische Orakelsprüche zu entziffern, in Verwirrung gestürzt, aber meine Gefühle zu Mirta schienen wieder in Ordnung zu sein. Der gewohnte Status quo. Ich konnte zur Tagesordnung übergehen. Ich fragte Jan und Ann, was sie davon hielten, wenn wir gemeinsam am nächsten Tag zum heiligen Berg fahren würden. Sie zeigten sich hocherfreut, sie hätten schon selbst mit diesem Gedanken gespielt. »Dann will ich euch meinen indischen Freund vorstellen«, sagte Jan, »wenn wir jetzt zu ihm gehen, wird er noch in seinem Geschäft sein.«

Narendras Geschäft lag zwischen einem Fruchtsaftshop und einer Fahrradwerkstatt gegenüber dem Busbahnhof. Ein typisch indischer Laden, der zur Straße hin offen war. Statt einer Tür hatte er einfach keine Hauswand, nach Geschäftsschluß wurden lediglich Jalousien heruntergelassen. Der Raum wirkte in etwa so breit wie ein Waggon der indischen Eisenbahn, und er war vollgestopft mit Schrauben, Werkzeug, Drahtrollen, Bohrerspitzen, Türschlössern, Schmieröl und Heiligenbildern. Narendra saß hinter seinem Tresen, zwei lange Sägeblätter baumelten neben seinem Kopf von der Decke herab. Er war untersetzt, trug westliche Kleidung und lachte uns entgegen.

Jan begrüßte ihn mit zusammengelegten Handflächen.

»*Namasté*, Narendra. Ich habe zwei Freunde mitgebracht.«

»*Hello*«, antwortete der Inder und zeigte auf ein paar Kisten. »Setzt euch, bitte.«

Er schickte einen kleinen Jungen, der zu seinem Laden gehörte wie die Schrauben und Sägeblätter, Kaffee holen, ich bot ihm eine Gold Flake ohne Filter an, denn ich hatte inzwischen die Zigarettenmarke gewechselt. Narendra erwies sich schnell als ein Inder, mit dem man reden konnte. Er sprach fließend englisch (und das wie ein Wasserfall), und in seinen Augen blinkte jene Art von Humor, bei der man nie so recht weiß, ob man den letzten Witz nun mitbekommen hat oder nicht.

Er war ein Bombay-Baba.

Geboren, aufgewachsen und clever geworden in Indiens westlichster Metropole und aus familiären Gründen in die Provinz verschlagen. Er liebte alles, was aus dem Westen kam, vor allem Touristen. Bisher hatte er noch jeden Weißen, der vor seinem Laden von den Bussen ausgespuckt worden war, auf seine Kisten gezerrt. In seiner Schreibtischschublade lagen Dutzende von Briefen und Postkarten. Er zeigte sie uns alle. Franzosen hatten geschrieben, Engländer, Amerikaner, Australier, aber noch keine Deutschen. Außerdem besaß Narendra eine Schwäche für Sadhus und Jogis aller Art, und deshalb war sein Laden eigentlich immer voll mit kaffeetrinkenden, gutgelaunten Leuten.

Narendra zählte in Coondapoor zum gehobenen Mittelstand. Zwei Seitenstraßen entfernt stand sein für indische Verhältnisse großes und schönes Haus, und wir sollten später noch Gelegenheit bekommen, seine Frau, seine Schwiegermutter und seine drei Töchter kennenzulernen. Eigentlich beklagt man in diesem Land einen Vater von drei Mädchen als einen *von den Göttern Bestraften*, denn Töchter gehen normalerweise nicht ohne eine beträchtliche Mitgiftzahlung aus dem Haus. Aber Narendra war ein Mensch mit modernen Ansichten. Erstens liebte er die Mädchen, und zweitens plante er, sie nur an Männer des Westens zu verheiraten. Eine nach Amerika, eine nach Deutschland und eine nach Australien, das schien ihm die sinnvollste Kombination zu sein.

Dann hätte er im Alter einige gute Reisen zu unternehmen.

Wie gesagt, wir sollten später noch in aller Ruhe sein Haus, seine Töchter, seine Frau und seine Schwiegermutter kennenlernen sowie sein uraltes Grammophon, seine Jazzplatten und seine *zarten Neigungen persönlicher Art*, denen er durchaus Gehör zu schenken bereit war, wenn ein Mädchen wie Mirta sein Schlafzimmer betrat.

Doch zunächst teilte er uns mit, daß Ram-Ram, der Baba aus Bangalore, bereits gegen Mittag in den Pilgerort zu Füßen des heiligen Berges gefahren sei, um Robert zu besuchen. Robert wiederum sei ein amerikanischer Jogi, der seit zwölf Jahren in

Indien der Erleuchtung entgegenstrebe. Er habe auf Geheiß seines Gurus am Fuß des Berges einen Aschram gebaut, und er erweise sich hin und wieder als ein wenig wunderlich oder (wie die Hippies sagen) als reichlich ausgeflippt. Dann wohnten da oben noch ein berühmter amerikanischer Schriftsteller (Jan spitzte sofort die Ohren) und ein sehr netter ehemaliger Universitätsprofessor aus Kerala, der die Gewänder der Bettelmönche vor etwa sechs Jahren angelegt habe. Na ja, die ganze Gegend da sei voll mit Ganja rauchenden Sadhus, und im übrigen würden wir das ja in Kürze selbst erleben.

Als ich ein wenig nachhakte (was diese Ganja rauchenden Sadhus betraf), riet Narendra mir, in der Tempelstadt nach einem Wildhüter zu fragen, der, genau wie er, Narendra heiße. Der Mann kenne sich gut im Dschungel aus und wisse, wo die besten Marihuanapflanzen wüchsen.

»Der Bus zum Berg fährt morgen um zwölf Uhr von hier ab«, sagte Narendra zum Abschied. »Kommt also um elf in meinen Shop, dann können wir zusammen Kaffee trinken und noch ein wenig reden.«

»*Namasté*«, sagte Jan und legte noch mal die Handflächen aneinander.

»*Take care*«, sagte Narendra und lachte.

Dann gingen wir ins Hotel und legten uns voller Vorfreude ins Bett. Der Rest der Nacht gehörte wieder den Kakerlaken, die sich allerdings innerhalb der letzten vierundzwanzig Stunden enorm vermehrt hatten. So schien es mir jedenfalls.

DER HEILIGE BERG

Am nächsten Tag lief alles planmäßig. Wir frühstückten mit Jan und Ann, bezahlten unser Zimmer und einigten uns mit dem Mann an der Rezeption wegen unserer Fahrräder, die wir im Hotel abstellen wollten. Bei Narendra gab es Kaffee, dann stiegen wir in den Bus. Ein gutes Gefühl nach den zwei Wochen auf den Sätteln der *Heros*. Der Bus war nicht – wie sonst üblich – überfüllt, wir bekamen ohne Ärger Sitzplätze. Zwei Bettler gingen vor der Abfahrt durch den Bus, einige Jungen verkauften Orangen. So verließen wir Coondapoor.

Der Bus fuhr zunächst auf dem Highway Nr. 17 ein Stück in die Richtung, aus der wir vor zwei Tagen auf den Rädern gekommen waren, bog dann nach fünf oder sieben Kilometern landeinwärts ab, und bald hatten wir die Küste hinter uns gelassen. Die Landschaft wandelte sich. Das Grün zu beiden Seiten der Straße wurde immer dichter und undurchsichtiger, es ging ständig bergauf. Nach einer Stunde kamen die ersten Serpentinen.

Ich genoß die Fahrt. Die Fenster des Busses waren ohne Scheiben, ein kühler Fahrtwind lag auf meinem Gesicht, ich sah Blumen, Bäume und jungen Reis im flachen Wasser. Der Bus hielt, wann immer jemand auf der Straße winkte, hin und wieder fuhren wir durch kleine Dörfer. Dann flüchteten Hühner, Frauen rafften ihre Saris, Hunde rannten bellend hinter uns her. Die Dörfer wurden seltener, dafür gab es nun mehr Schlaglöcher. »Seht mal«, sagte Jan, »der Berg da vorn. Das ist er.« Der Berg war gut zu sehen. Er überragte alle anderen Höhen um einiges und schien bis zum Gipfel mit Dschungel bewachsen zu sein. Seine Formen waren rund. Grün, erhaben und irgendwie sympathisch stand er unter der Sonne, vielleicht eine Stunde entfernt, so wie der Adler fliegt.

Es dauerte wohl noch eine volle Stunde, bevor wir Lorkol erreichten. Der Pilgerort lag in einem Tal am Westhang des heiligen Berges, und auf der Straße sah es aus wie bei uns in einer Sauna. Die Männer liefen in weißen Hüfttüchern herum, und sie machten insgesamt einen recht entspannten Eindruck. Brahmanen waren es, wohlgenährte Pilger der höchsten Hindukaste, die mit Reisebussen aus allen Teilen Karnatakas nach Lorkol gekommen waren, denn der Tempel hier galt als ein Tempel der Macht. Auch die von Narendra versprochenen Sadhus sah ich. Ausgesprochen dünne Gestalten mit roten Gewändern (und roten Augen), enormen Bärten und zu Zöpfen geflochtenen Haaren. Ihr Aufenthalt in diesem heiligen Ort war eher geschäftlicher Natur, denn *das Betteln ist ihr Business*, wie Jan sagte. Den ganjakundigen Wildhüter sah ich nicht, es stellte sich jedoch heraus, daß Jan ein Tütchen Gras dabeihatte, was mich entspannt dem Abend entgegenblicken ließ. Ansonsten gab es in Lorkol eine Straßenkreuzung, eine Polizeistation, ein paar Chaibuden, Kioske, drei, vier Restaurants und ebenso viele Hotels.

Wir nahmen das beste. Es lag nur zwei Minuten vom Tempel entfernt, und es war ganz aus Holz, windschief und wurmstichig, was die Front betraf. Hinten aber, zum Hof hinaus, hatte man einen neuen Zimmertrakt gebaut. Die Unterkünfte dort erwiesen sich für indische Verhältnisse als geradezu luxuriös. Eine richtige Dusche, ein tadellos funktionierender Ventilator, eine saubere geblümte Decke über einem großen Doppelbett. Sanftes Licht fiel durch ein schmales Fenster, das (wie in allen indischen Hotels) zum Schutz gegen Räuber vergittert war, aber hier hatte man die Gitter in einer beruhigenden Geometrie angebracht. Alles in allem eine komfortable Pilgerunterkunft, und ich bereute es zum erstenmal, daß ich keine Gitarre mitgenommen hatte. Auf meinem letzten Trip nach Kairo hatte ich eine alte *Guild* dabei, und das war 'ne verdammt gute Freundschaft gewesen. Aber in Indien auf dem Rad? Dafür war nun Jan an meiner Seite. Der Mann erwies sich als eine bis an den Rand mit Geschichten, Anekdoten und wissenschaftlichen Fußnoten gefüllte Wundertüte.

Hier ein paar Kostproben.

Lorkol, 19. 1. 1984, frühe Abendstunden. Jan sitzt auf der Balustrade vor unseren Zimmern, ein Stockwerk über dem Innenhof des Hotels. Es ist Abend. Sterne ziehen auf, ein halber Mond wirft sein Licht auf den heiligen Berg, der sich dunkel über den Ort erhebt. Jan trägt weiße, seidene Tücher mit goldenen Brokaten.

Der erste Joint.

Jan: »Das Gras ist nicht besonders aufregend. Ich habe es in Bombay gekauft. In dieser Stadt konnte ich noch nie gutes Dope bekommen. Aber unten in Kerala, Helge, du wirst sterben. Kennst du übrigens die Geschichte dieses Berges?«

Helge: »Nein, aber vielleicht erzählst du sie mir?«

Jan: »O ja, gerne. Sankara ist auf diesem Berg gewesen. Er war einer der größten Reformatoren des Hinduismus. Eigentlich ist Reformator nicht das richtige Wort. Sankara hat den Buddhismus wieder aus dem Süden verdrängt. Du weißt ja, daß die Buddhisten ihren Glauben über ganz Indien verbreitet hatten, denn der Hinduismus war völlig degeneriert. Korrupte Brahmanen, Intrigen, Machtgier, ganz ähnlich wie bei uns die katholische Kirche. Die Buddhisten brachten frischen Wind, die reine Lehre. Aber wundersamerweise verfielen auch sie alsbald dem Fieber der Korruption ... «

Helge: »Das muß hier was mit dem Wetter zu tun haben.«

Jan: »Möglich. Ein Phänomen übrigens, an dem die Moslems ebenfalls gescheitert sind. Die kamen auch ganz frisch und fromm nach Indien und wollten mit dem Chaos aufräumen. Du mußt dir vorstellen, bei den Hindus gab es Tempelprostitution. Huren, die im Tempel lebten und noch dazu heiliggesprochen wurden. Für die Moslems ein konkretes Abbild der Hölle. Aufräumen wollten sie, und was passierte? Ihre Mongulfürsten fanden es nach einigen Jahren angenehmer, Haschisch zu rauchen und schöne Sklavinnen zu gebrauchen. Hin und wieder ging man auf die Jagd, und das war das Leben. Du hast recht. Am Wetter liegt es. In Indien ist es einfach zu heiß.«

Helge: »Du wolltest was über den Berg erzählen.«

Jan: »Ach, du liebe Güte, ja. Also, Sankara zog auf den Berg. Da lebte er lange Jahre in einer nur schwer zugänglichen Höhle. Als er wieder herunterkam, hatte er eine dermaßen große Kraft, daß er den Hinduismus im gesamten Süden neu beleben konnte. Die guten alten Götter, die gute heilige Tempelprostitution, das gute alte Haschisch. Haschisch gehört hier ja mit zur Religion. Darum sind die Sadhus auch die einzigen im Lande, die es legal besitzen dürfen. Wenn ein Sadhu ein Kilo mit sich herumschleppt, dann wird ihn kein Polizist daran hindern.«

Helge: »Womit wir wieder beim Thema wären.«

Jan: »O ja, natürlich.«

Der zweite Joint.

Jan: »Eben habe ich dir die historische Geschichte erzählt. Es gibt jedoch noch eine Geschichte vor der Geschichte, wie die Inder es nennen. Auch hier haben wir einen frommen Jogi, der einstmals bescheiden und einfach im Gemüt den Berg hinaufging und besagte Höhle aufsuchte. Er meditierte sieben Jahre lang, und dabei wurde er unwahrscheinlich stark, wurde Herr aller magischen Kräfte, und es gab eigentlich nichts, was er nicht tun konnte. Schweben konnte er und alle möglichen Dinge aus dem Nichts materialisieren. Er konnte den Atem über eine halbe Stunde lang anhalten und Lichter am Himmel entfachen. Alle Wunder konnte er vollbringen, und dann, auf dem Höhepunkt seiner tantrischen Kraft, verließ er die Höhle und den Berg und nahm das gesamte Tal darunter in Besitz. Das ist die Gefahr beim Tantra-Joga, die große Falle. Du stehst an der Schwelle des Zustandes, in dem die Persönlichkeit sich auflöst. Nirvana. Die Schwelle zu Gott. Denn dann, wenn du zu einem Teil der Kraft wirst, die das Leben schafft, die Erde bewegt, die Sterne jagt, dann bist du allmächtig. Dann bist du diese Kraft. Die Falle liegt im Ego. Schaffst du es nicht, das Ego zu töten, wirst du natürlich diese Kraft für deine persönlichen Ziele benutzen. Die mögen tugendhaft und vernünftig sein, es bleiben die Ziele deines Egos.«

Helge: »Mich dünkt, du redest von Schwarzer Magie.«

Jan: »Dich dünkt? Wer dünkt dich, und was ist das für ein Dünger? Aber du hast recht. Schwarze Magie. Das ist die Falle. Wenn sie zuschlägt, bist du in einer üblen Situation. Denn die Götter lassen nicht zu, daß man ihnen ins Handwerk pfuscht.

Der Jogi machte sich also in dem Tal breit, und mit seiner Bescheidenheit war es nun vorbei. Zuerst verehrten die Leute ihn als großen Guru und dienten ihm. Aber seine Forderungen wurden immer unverschämter, und seine Zerstörungswut immer größer, und irgendwann erkannten die Leute, daß ihr Guru ein großer mächtiger Dämon war, und sie baten die Göttin Kali um Hilfe.«

Helge: »Das ist die Dame mit den vielen Armen.«

Jan: »Kali ist die weibliche Form von Siva. Die Tantra-Jogis verehren sie und Siva gleichermaßen. Beide sind das Prinzip der schöpferischen Kreativität und der Zerstörung. Sie flehten also Kali um Hilfe, und Kali erbarmte sich ihrer. Sie schickte einen guten Jogi, einen Weiß-Magier, zu ihnen ins Tal. Es entbrannte ein furchtbarer Kampf zwischen den beiden Magiern. Du kannst dir nicht vorstellen, wozu diese Jogis fähig sind. Die sitzen in ihrer Hütte, und sie greifen sich mit der Konzentration ihres Geistes den Feind, der irgendwo weitab seine Kreise zieht, und erwürgen seine Seele.«

Helge: »Raus mit dem Colt, an die Schläfe das Eisen, den Finger gekrümmt.«

Jan: »So ungefähr. Aber wenn der Gegner ebenfalls ein Meister der Magie ist, dann kannst du dir denken, was geschieht. Natürlich gewann der gute Jogi, der Diener Kalis.«

Helge: »Mein Gott, das ist doch eine irre Vorlage für einen neuen Spielberg-Film, ›Krieg der Magier‹. Gemeine Gurus, schöne Göttinnen und jede Menge *special effects*. Aber mal im Ernst. Glaubst du, daß da was dran ist, an der Schwarzen Magie?«

Der dritte Joint.

Jan: »Die Leute hier glauben fest an Magie. Sie haben einen unheimlichen Respekt vor den Tantra-Jogis. Weißt du, oben in Benares, da wo die meisten von diesen wilden Sadhus sitzen, kann es dir passieren, daß sie dich mit Flüchen bedenken, wenn du ihnen nicht genug Rupien gibst. Wenn einem Inder irgendein Pech widerfährt, dann glaubt er als erstes, daß ein Fluch die Schuld daran trägt. Schau mal in die indischen Tageszeitungen. Du wirst Annoncen von Tantra-Jogis finden, die sich für ein Honorar von hundert Rupien aufwärts anbieten, deine Feinde zu verfluchen oder den Fluch eines anderen durch einen Gegenfluch von dir zu nehmen. Ich weiß nicht. Meist ist das Humbug. Aber ich habe einmal so etwas erlebt, und das war kein Spaß.«

Helge: »Man hat dich verflucht?«

Jan: »O ja. Ich war damals bei Swami Somamadschi. Er hat

einen Aschram im Dschungel, oberhalb von Mangalore. Eigentlich ein sehr guter Platz. Ich bin öfters dort gewesen. Aber das letzte Mal geriet ich an zwei unangenehme Tantra-Jogis. Die schwangen sich von Chillum zu Chillum, und an dem dritten Tag meines Aufenthaltes ist ihnen das Haschisch ausgegangen. Da wollten sie von mir Haschisch haben, aber ich hatte auch nichts mehr. Sie glaubten mir nicht. Sie kamen immer wieder damit an, und ich wurde wütend und habe ihnen gesagt, daß sie von mir kein Haschisch bekämen, selbst wenn ich was hätte. Da schrien sie mir Flüche ins Gesicht. Und ich sage dir, Helge, die ganze darauffolgende Nacht ging es mir unheimlich schlecht. Ich habe keine Minute geschlafen und permanent mein Mantra dagegengehalten. Am anderen Morgen fühlte ich mich absolut zerschlagen. Wie nach einem Kampf.«

»Was hat der Swami dazu gesagt?«

»Gar nichts. Somamadschi schweigt seit acht Jahren. Aber es war ihm anzusehen, daß er über den Aufenthalt der beiden Tantra-Jogis nicht sehr glücklich war. Er konnte sie nicht hinauswerfen. Sie gehörten seinem Orden an. Ich weiß nicht, was ich von Schwarz-Magiern halten soll. Aber ich bin froh, wenn keiner in der Nähe ist. Laß uns Schluß machen für heute. Ich werde müde.«

Auszug aus Mirtas Tagebuch

Lorkol, den 20. 1. 1984

Heute morgen mache ich einen Spaziergang durch den »Urwald« von Lorkol. Ich fühle mich wohl. Wunderschöne Pflanzen. Morgenstimmung. Kühle, beginnende Wärme, Sonnenstrahlen dringen durch die grüne Wildnis. Ein Fluß mit klarem Wasser windet sich durch dieses Pflanzenchaos. Blätter aller Größen und Farben. Eine knallgelbe Raupe mit leicht roten Streifen. Wunderbare Farben, die mich neidisch machen. Eine Blume, die ich sofort pflücken möchte. Aber ich laß sie, wo sie ist, und sehe sie nur an. Ich will sie nicht besitzen. Ich gehe zurück in den Ort. Ich will Geld wechseln, aber das ist nicht möglich. Helge ist wach. Ich streite mich mit ihm über die Wäsche, die er nicht gewaschen hat. Ich habe ihn darum gebeten. Ich bekomme das Gefühl, daß ich zuviel Arbeit mache, das heißt die praktische Arbeit. Wir wissen, daß wir einen anderen Rhythmus haben. Wie wir den Tag beginnen und praktische Dinge anpacken. Auf dem Weg zum Frühstücken sagt Helge, daß er manchmal Liebe für mich empfindet und manchmal Haß und daß dieser Wechsel in den letzten Tagen stärker geworden ist.

Er haßt mich! Ich bin getroffen und traurig. Ich fühle mich schuldig, daß dieses Bild durch mein Verhalten entstanden ist. Ich nehme mir vor, nicht mehr zu kämpfen und »sein zu lassen«. Der Rest des Tages fühlt sich besser an.

Ja, die Wäsche. Ich hatte ihr gesagt, daß ich mich darum kümmern würde, und ich gedachte, Wort zu halten. Aber man muß mir meinen Rhythmus lassen. Ich brauche Zeit zum Aufwachen. Das geschieht immer ganz langsam und sacht. Es gab auch keinen Grund zur Hektik, wir waren in einem Pilgerhotel und nicht in einer Fabrik. Aber wenn ich nicht sofort aufsprang und den gleichen Stress an den Tag legte, den sie dauernd produzierte, dann flippte sie aus. Dabei war es ein so schöner Morgen. Das Licht fiel matt durch die Scheiben in unseren Raum.

Wir würden Chai trinken gehen und Zigaretten rauchen und das Leben auf der Straße betrachten und dann gegen Mittag wieder schlafen oder turnen und mit Jan reden, oder alles zusammen. Pilger sollten den Tag genießen.

Ich wollte es genießen, die Wäsche zu waschen, ich gedachte, mir einen Spaß daraus zu machen. Das geht, ich wußte es aus Erfahrung. Ich hatte nämlich schon einmal in Indien Wäsche gewaschen, im Dezember des Jahres 1972, im Wasser des Ganges, oben in Hardwar, wo der große Fluß aus dem Himalaja tritt. Ich erinnerte mich noch genau daran. Damals war plötzlich direkt vor mir ein Freund aus dem Fluß aufgetaucht. Sein Gesicht war krebsrot angelaufen, und er hatte mir die Hand entgegengestreckt, auf daß ich ihn ans Ufer zöge. Der Mann war hundert Meter oberhalb in den Ganges gesprungen, ohne zu wissen, daß der Ganges hin und wieder eine beachtliche Strömung aufweist. Er wäre fast ersoffen, der Gute, und hatte es gerade noch einmal geschafft, genau an der Stelle, wo ich meine Wäsche wusch. »Ich habe mich noch nie so sehr darüber gefreut, dein dummes Gesicht zu sehen«, hat er später mal gesagt.

Man kann beim Wäschewaschen einiges erleben, Mirta, aber man muß den richtigen Zeitpunkt abwarten. Die Inder feiern alle zwölf Jahre »Kumbamela«, das größte Fest der Hindus, und ich wasche alle zwölf Jahre meine Unterhosen. So bin ich. Wenn du mit mir zusammen leben willst, dann funk mir nicht in meinen Rhythmus, denn das ist kein Rhythmus, bei dem jeder mit muß. Wenn du verstehst, was ich meine.

Die schmutzige Wäsche war damit gewaschen, und es schien mir dringend geboten, mit einem solcherart gewachsenen Selbstvertrauen einen Blick auf die Sadhus zu werfen. Die saßen um die Mittagsstunde auf den breiten Treppen des Tempels, das ist ihr Platz seit alters her, und es ist ein guter Ort zum Betteln. Nun muß dazu gesagt werden, daß Sadhus nicht betteln. Sie sind Männer Gottes, und wer ihnen gibt, der gibt Gott.

Die Höhe der Spende hat dabei nur symbolischen Wert. So wie diese Bettlerin, von der Jesus sprach. Sie schenkte Gott einen Pfennig, aber dieser Pfennig galt dem Herrn mehr als das Gold der Kaufleute.

Zweifellos kommt es vor, daß ein indischer Sadhu die Angelegenheit anders betrachtet als der Herr und gotterbärmlich zu fluchen anhebt, wenn man ihm zu wenig gibt, aber ich spreche hier vom Prinzip. Und das Prinzip ist, daß Sadhus nicht betteln, sondern Spenden entgegennehmen. Denn sie sind eine gemeinnützige Einrichtung. Sadhus, und deren gibt es viele Millionen in Indien, beteiligen sich nämlich nicht an der Bevölkerungsexplosion. Egal, welchem Orden sie angehören und welchen speziellen Ordensregeln sie sich unterworfen haben, die Keuschheit ist Grundbedingung für alle. Zugegeben, es gibt Ausnahmen. Einige Tantra-Jogis ficken ganz schön oft und ganz schön lange (man spricht von drei Tagen und drei Nächten pro Nummer), aber sie tun dies, ohne dabei einen Orgasmus zu bekommen.

Auch hier rede ich vom Prinzip.

Warum ist Keuschheit so wichtig für die heiligen Männer Indiens? Mit Moral hat das wenig zu tun. Eher mit Sublimation. Eine alte Joga-Masche. Die Energien sollen nicht rausgespritzt, sondern das Rückgrat und die Shakras hochgejagt werden, auf daß sie die Sonne hinter den Augen entfachen. Sublimation, umgewandelte sexuelle Energie, ist das Feuerpferd, das den Sadhu durch den Himmel der Gegenwelt trägt, und niemals mehr müssen seine Füße den Staub der Erde berühren.

Im Prinzip, wie gesagt.

Ich kenne mich damit aus, weil ich selbst mal ein Sadhu gewesen bin. Ernsthaft. Nicht im früheren Leben (da war ich ein unveröffentlichter Dichter), nein, in dieser Inkarnation als Helge Timmerberg, alias Rüdiger Rausch, alias Tim Navas, alias »Nicht Da«, lebte ich drei Jahre in einem Aschram indischen Zuschnitts am Teutoburger Wald, keusch und arm und gutgläubig. So etwa zu Beginn der siebziger Jahre war das, in der Zeit also, als indische Jogis bei uns noch hochangesehene Leute waren. Hin und wieder schickte man aus dem Mutterland des Joga ein paar echte Sadhus vorbei. Mahatmas genannt, und wir verehrten sie von morgens früh bis abends spät ohn' Unterlaß und Verstand. Was sie taten, war mir heilig, und was sie sagten, war Gesetz, auch wenn es der letzte Scheiß war. In dieser Hinsicht empfand ich ähnlich wie die kleinen Zen-Mönche, die auf ihre demütigen Fragen von den Meistern Antworten serviert bekommen, an denen sie noch auf dem Sterbebett zu knabbern haben.

»Meister, was ist Erleuchtung?«

»Putz dir die Zähne nicht mit einem blauen Regenschirm!«

Ich praktizierte also Keuschheit und Demut, und in keiner anderen Phase meines Lebens bin ich jemals wieder so geil gewesen. Bis zum Rand voll mit sexuellen Phantasien übelster Sorte lief ich durch die Straßen, und jeder wohlgeformte Damenarsch machte mich rasend. Doch ich hielt durch und focht mit dem für die rechte Hand zuständigen Dämonen einsame Kämpfe in langen Nächten. Nur dreimal in drei Jahren ließ ich mich von diesem Teufel übermannen, und jedesmal war mir danach, als sei mir der Herr Jesus erschienen, so was von entspannt und wohlgemut fühlte ich mich plötzlich.

Wie es zu erwarten war, drehte sich mein Erleuchtungsbedürfnis später energisch der anderen Seite der Welt zu. Frauen pflasterten nun meinen Weg. Oder ich pflasterte ihren (wozu ich immer bereit bin, wenn sie hochhackige Schuhe tragen), und indische Jogis wurden zu so einer Art Büttenredner für mich. Es ist ja beileibe nicht nur der Text, den diese Leute von sich geben. Der Dialekt, mit dem sie dieses tun, das ist der Hammer. Die schlichte Erkenntnis »*Truth is the consciousness of bliss*« etwa läßt, in Jogi-Weise gesprochen, auf der Stelle jedes

Bier schal werden. Da kann man nichts machen. Die reden so. Bhagwan natürlich ausgenommen, denn der ist kein Jogi, sondern ein Scharlatan. Der einzige, dem ich bis heute die Treue halte, heißt *Zott*. Ein Sahnejoghurt mit Früchten. Cremig geschlagen und im Sonderangebot bei Horten für 50 Pfennige zu haben.

Von daher befiel mich ein gerüttelt Maß an Neugierde, als ich mich am Fuße des heiligen Berges auf die Stufen des Tempels setzte, um endlich einmal wieder indische Sadhus aus der Nähe zu betrachten. Es waren ihrer drei. Ein dünner, ein dicker und einer mit 'nem riesigen grünen Turban. Der dünne schaute mich verstohlen von der Seite an und wußte nicht, was er von mir halten sollte. Ein weißer Mann, der wie er einen Lungi trug und in korrekter Lotosposition auf den Stufen des Tempels ruhte. So verwirrt war der Sadhu, daß er lange Zeit vergaß, mich anzubetteln. Erst, als ein Kind zu mir trat und die Hand aufhielt, gab auch der Sadhu seinem Herzen einen Ruck und hielt mir die Bettelschale hin. Da sah ich ihn ganz nah vor mir. Hunger, Fieber und Demut war in seinen Augen. Ich kramte in meinem Beutel. Die 2-Rupien-Scheine wollte ich nicht antasten, weil man die Preise nicht verderben soll. Aber ich fand noch eine 10-Paisa-Münze. Er dankte mit zusammengelegten Handflächen. Nun kam auch der Dicke hinzu. Ich hob bedauernd die Hände. Keine Münzen mehr, tut mir leid. Der Dünne mit den hungrigen Augen steckte daraufhin seine zehn Paisa weg, holte eine 5-Paisa-Münze aus seinem Beutel und gab diese seinem Glaubensbruder. Er hatte also eine Gabe von zweieinhalb Pfennig geteilt, um den anderen nicht im Regen stehen zu lassen. In diesem Augenblick schämte ich mich sehr. *Mirta hat recht. Du bist ein eingebildeter Europäer.*

Ich stand auf und ging fort, und ich fühlte meinen Stolz wie einen Panzer, der die Seele bedrückt.

Auf dem Weg zum Hotel kamen mir Jan und Ann entgegen. Jan erzählte mir sofort, daß sie gerade aus dem Aschram des Amerikaners kämen, wo sie Ram-Ram getroffen hätten. Wieder schwärmte Jan von diesem alten Baba. »Ram-Ram hat lustige Sachen erzählt«, sagte Jan. »Er würde immer alles falsch machen und nur deshalb die richtigen Resultate bekommen. Oder umgekehrt. Zum Beispiel habe er endlich das Geheimnis der ewigen Jugend entdeckt, jetzt, wo es zu spät sei. Er ist über achtzig, weißt du. Aber das Rezept dafür will er mir geben. Übrigens habe ich uns einen Sadhu besorgt, der uns morgen auf den Berg führen wird.«

So gingen wir zurück zum Hotel, und den Nachmittag verbrachte ich mit Wäschewaschen.

Am nächsten Tag wurden wir sehr früh von Jan geweckt. Wir sollten uns beeilen, der Bus werde in fünfzehn Minuten abfahren. Wir duschten, packten hastig unsere Reisetaschen und gingen hinaus in diesen dunklen und sogar kühlen indischen Morgen. Der Sadhu wartete schon vor dem Tempel. Swami Ananda war sein Name, was soviel wie Glückseligkeit heißt. Ein kleiner, etwas untersetzter Mann mit blauschwarzer Hautfarbe. Er hatte verschmitzte Augen und ein dünnes Ziegenbärtchen. Der Bus fuhr los und hustete wenige Minuten später durch enge Serpentinen dem heiligen Berg entgegen. Wir würden bis zum nächsten Dorf fahren, sagte Jan, von wo aus wir dann zu Fuß weitergehen müßten. In diesem Dorf hätten wir auch Gelegenheit zu frühstücken.

Nach etwa zehn Minuten hielt der Bus, und der Swami legte seine Hand auf meine Schulter. »*Come.*«

Wir stiegen aus und standen auf der Straße. Kein Dorf war zu sehen, aber rechts führte ein Weg in den Wald. Er war breit und bequem zu gehen, und im ersten Augenblick erinnerte er mich an einen Waldweg daheim. Wir waren ja bereits im Gebirge, und die Vegetation hier hatte nur noch wenig mit den tropischen Palmenhainen der Küste zu tun. Doch wir waren kaum fünfzig Schritte gegangen, als plötzlich etwas unheimlich Lautes und Heiseres aus den Tiefen des Dickichts zu uns herüberbrüllte und uns gleich zu Beginn der Wanderung klarmachte, wo wir uns befanden. Ich hatte noch nie einen Tiger brüllen hören, ich meine, keinen, der frei in der Wildnis jagt, und ich hielt mich deshalb dicht hinter unserem Führer, der unberührt seines Weges zog.

Der Swami ging weder schnell noch langsam, er machte keinerlei Anzeichen, mit uns sprechen zu wollen, wahrscheinlich dachte er nicht einmal. Er schien sich um nichts zu kümmern, er ging einfach dahin, eingehüllt in seine orangeroten Tücher, und manchmal verschwand er vor meinen Augen, so sehr war er eins mit dem Urwald. Seine Ruhe steckte mich an. Ich vergaß den Tiger und vergaß meinen Magen (die Sache mit dem Frühstück war ja offensichtlich gescheitert), und ich fiel völlig unbeabsichtigt und unerwartet in eine tiefe Meditation. Es wurde so still in mir, daß ich die Tautropfen fallen hörte und mir die bunten Schmetterlinge direkt in die Seele flatterten.

Jede Meditation hat ihren eigenen Charakter, ihre ganz speziellen Einsichten. Diese hier kam nicht mit tonnenschweren Erleuchtungen daher, nicht mit Blitzen, die den Geist erhellen, sondern sanft, und vom Atem getragen, spürte ich, daß ich allein war in dieser Welt, daß ich niemanden und nichts brauchte. Keine Frau, keinen Guru, keinen Erfolg, keine Macht.

Ich hatte Augen, die die Schönheit des Morgens sahen, und Ohren, die den Tiger brüllen hörten; ich hatte Beine, die mühelos gingen, und ein Herz, das schlug. Und in meinem Geist sah ich die Erinnerungen dieses wunderbaren, hungrigen Lebens wie grüne Smaragde schimmern. Und darüber freute ich mich. Ich freute mich über alles, was mir begegnet ist, und ich freute mich auf das, was noch kommen würde. Ich freute mich wieder auf das 270 Jahre alte windschiefe, ofenbeheizte Fachwerkhaus in Niedersachsen, und ich freute mich auf Madurai, die Stadt der Magier. Ich freute mich auf meine Freunde und auf »Mercedes«, meine alte Schreibmaschine, die zu Hause auf mich wartete, ich freute mich auf meine Kinder, auf das Alter und sogar auf meinen Tod. Ich freute mich über die Vergangenheit, über die Zukunft und über die Gegenwart. Ich lief vor nichts weg und rannte niemandem und nichts nach. Ich ging allein mit den anderen durch den Dschungel Südindiens, und zu beiden Seiten des Weges wachten die Vögel auf.

So wanderten wir noch etwa eine Stunde schweigend weiter, dann öffnete sich der Wald, und wir blickten auf eine weite, fruchtbare, mit flachen Hügeln überzogene Ebene. Sattes Grün, freistehende Bäume, weit weg ein paar Hütten. Im Süden wurde das Tal von einem langgestreckten Höhenzug begrenzt, auf dessen Kamm sich nun die ersten Strahlen der aufgehenden Sonne legten, vor uns, im Osten, sahen wir den heiligen Berg.

»Diese Gegend ist das Schönste, was ich je in Indien gesehen habe«, sagte Jan, und er brach damit das Schweigen. »Unglaublich schön.«

Der Weg schlängelte sich nun durch Wiesen, langsam und plaudernd gingen wir dem Berg entgegen. Jan schien sich meinetwegen einige Sorgen zu machen. Ich solle doch, um Gottes willen, nicht über diesen Berg schreiben, auf daß nicht in ein paar Jahren die alternativen Reisegruppen hier entlangstürmten. »Ich sehe deine Augen, Helge. Ich schätze, du rechnest dir schon aus, was dir dieser Berg an Honorar einbringt.«

»Genau das ist es, was ich die ganze Zeit denke«, antwortete ich. »Ich schätze, es werden zwischen drei- und fünftausend Mark werden.«

»Ah, du bist ein Zyniker.«

Swami Ananda, der ein Stückchen vorausging, unterbrach uns. »*Tea, tea!*«, rief er, was wir zunächst nicht glauben wollten, aber dann saßen wir schon unter einem Dach aus getrockneten Palmenblättern, und eine hübsche kleine Inderin mit freundlichen Augen brachte uns heißen, süßen Tee, Erbsen und Grieß. Es war das mit Abstand schönste Teehaus, das ich je gesehen hatte. Man hatte einen weiten Blick ins Land und leichten Wind auf der Haut, weil es keine Wände gab, und durch das Palmendach tropfte goldenes Licht auf die Tische, auf den Tee und auf die Gesichter der Freunde.

»Hier muß man natürlich einiges ändern, wenn Neckermann seine neuen *Bettelmönche-führen-durch-den-Dschungel-Trips* einführt«, sagte Jan, und ich merkte langsam, daß er sein Thema für diesen Tag gefunden hatte.

»Das Teehaus kann so nicht bleiben. Das muß vergrößert werden. Und dann sollte man sich Gedanken über die Tiger machen. Ich nehme an, daß die Reiseversicherungen nicht mitspielen, wenn sie erfahren, daß hier noch Tiger frei herumlaufen. Aber du wirst das schon machen, Helge. Habe ich recht?«

»Was habe ich eigentlich mit Neckermann zu tun?«

»Aber Helge, das ist doch nun schon oft genug vorgekommen. Was würdest du denn tun, wenn Neckermann sagt: ›*Herr Timmerberg, wir bieten DM 2000,– plus Flug und Spesen, wenn Sie unseren Spezialisten einmal die Gegend zeigen würden, über die Sie da so ein schönes Buch geschrieben haben.*‹«

»DM 2000,– ist zu wenig, würde ich sagen.«

»Bist du ganz sicher? DM 2000,– plus Ticket, so nebenbei, nur für einen Spaziergang? Aber mal ernsthaft. Du weißt wahrscheinlich nicht einmal, wie viele gute Orte bereits durch Reiseschriftsteller versaut worden sind.«

»Gut, Jan, dann sag mir, was ich tun soll.«

»Nenn keine Namen. Oder verändere sie. So läuft es seit einiger Zeit in England. Die wirklich guten Reiseschriftsteller geben keine genauen Ortsbezeichnungen mehr.«

»Das ist bei mir kein Problem«, sagte ich, »fremde Namen schreibe ich meistens sowieso falsch.«

Ich brauchte nun eine Zigarette, aber anscheinend mußten sie heute alle auf mir herumhacken.

»Wie kann man hier nur rauchen!«, schimpfte Mirta. »In dieser Luft! An so einem Morgen!«

»Gerade in dieser Luft, an so einem Morgen, bei so einem Chai«, sagte ich und zündete mir trotzig eine Gold Flake an. Jan machte gierige Augen, aber er traute sich nicht, gegen diesen sporadisch auftretenden Puritanismus anzugehen, der einige Kettenraucher immer dann befällt, wenn es besonders schön ist. Jan begnügte sich mit einem Zug an meiner Zigarette, worüber Mirta lachen mußte. »Feigling«, sagte sie.

So war sie eben.

Wir brachen auf. Der Tag hatte endgültig die Sonne an den Himmel geschickt, und wir wollten den Aufstieg noch vor der großen Hitze hinter uns haben. War der Weg bisher breit und leicht zu gehen, so wurde nun alles anders. Wenige Meter hinter der Chaihütte schrumpfte er zu einem schmalen Pfad zusammen, der Dschungel schloß sich über unseren Köpfen, und wir gingen durch einen engen Blättertunnel beständig nach oben.

Auch die Meditation, in die ich nun fiel (wieder mal völlig unbeabsichtigt), war eine andere als die von vorhin. Irgendwie dynamischer. *Scheiß auf Mirta*, dachte ich, *kann denn diese Frau nie Ruhe geben? Dauernd hat sie was an mir auszusetzen. Ich rauche zuviel, trinke zuviel, ich bin häßlich, ich bin eingebildet, ich bin doof ... Ja, da hat sie recht! Ich bin doof. Ich gebe ihr alles, was ich habe, ich zerreiß mich für sie, und dann bin ich schon glücklich, wenn sie mich dafür nur mal anlächelt ... So schön ist sie auch wieder nicht. Indien hat mir die Augen geöffnet. In jedem Überlandbus sitzen hier mindestens zwei Frauen, die schöner sind als sie. Verdammt noch mal, häßlich ist sie, und eifersüchtig ist sie auch. Sie gönnt mir nicht mein Glück, nur weil sie es mit ihren vierundzwanzig Jahren noch zu nichts anderem gebracht hat als putzen und servieren.*

So etwa in dieser Art verlief die zweite Meditation an jenem schönen Morgen. Ein großer Schub Haß kam da heraus, so schlimm war es noch nie gewesen, und das gefiel mir überhaupt nicht. Es waren schlechte, giftige Gedanken, ich spürte ihre destruktive Macht, und ich wollte sie abstellen. Und weil das mit dem Abstellen nicht ging, begann ich, die Gedanken genauer zu beobachten. Ich konnte sie sehen, wie sie aus dem Unterbewußtsein angeschleimt kamen, ihre Schlingen legten, die Falltüren öffneten, und ich sah auch, daß sie es nicht gerne sahen, daß ich sie sah. Sie mögen es nicht, wenn man sie beobachtet, das nimmt ihnen ihre Macht, dachte ich, und dann kam natürlich das, was kommen muß, wenn sich die Gedanken über die Gedanken zu viel Gedanken machen:

Ich hörte, wie die Inder sagen, den *Ruf der Natur*.

Dringend wurde dieser Ruf, ausgerechnet hier mußte mich der Durchfall übermannen, und als wir einige Minuten später aus dem Blättertunnel traten und der Pfad sich um Bergwiesen zu winden begann, mußte unbedingt etwas geschehen.

Mirta trug das Wasser bei sich. Es war eigentlich als Trinkwasser gedacht, aber nun brauchte ich es anderweitig. Toilettenpapier, das sei hier gesagt, gab es seit Bombay nicht mehr. Ich hatte das hiesige Reinigungssystem während dieser Reise sofort angenommen, im Gegensatz zu meiner ersten Indienfahrt.

Damals, vierzehn Jahre ist es her, hatte ich bis in die letzten Ecken der persischen Salzwüste Papier mit mir herumgeschleppt, und kurz vor der pakistanischen Grenze hatte ich sogar mein Tagebuch opfern müssen. Wertvolles Gedankengut, unersetzliche Reiseeindrücke, Abenteuerpoesie – alles für den Arsch.

Das war nun vorbei. Die linke Hand mit viel Wasser drin erschien mir inzwischen sogar hygienischer als Toilettenpapier. Man mußte es nur richtig machen. Das heißt, erst gut auskakken, dann mit Gefühl, mit viel Gefühl, von den Pobacken her langsam sich nach innen vorarbeiten, immer wieder Wasser nachschütten und dabei aufpassen, daß die bis zu den Knien heruntergezogene Hose nicht naß wird. In der Wildnis sollte man außerdem noch auf giftige Schlangen und Riesenameisen achten.

Aber Mirta wollte das Wasser nicht herausrücken.

»Das ist Trinkwasser«, sagte sie, »das rührst du nicht an.«

Da griff Jan, dieser intime Kenner des englischen Verlagswesens, in seine Reisetasche und zog mit der großen Geste eines kleinen Zauberers genau ein Blatt samtweiches, rosarotes Toilettenpapier ans Morgenlicht und grinste.

Die Aussicht beim Scheißen war überwältigend. Wir waren nun schon ganz schön weit oben, und ich sah bis zum Horizont die über und über mit dichtem grünem Dschungel bezogenen Bergketten der Western Ghats. Auf den Tälern lagen die letzten Nebelschwaden des Morgens, Flüsse und Seen schimmerten blau. Zwei Adler schwebten einen Steinwurf entfernt, und weit unten sah ich Rauchfahnen über den winzigen Hütten der Hirten.

Wir gingen weiter, und während wir den immer steiler ansteigenden Pfad hochkletterten, über Wurzeln stiegen, über Steine stolperten, an einer Quelle Wasser schöpften, die Vögel hörten, die Affen sahen, auf Schlangen achteten und Träume fotografierten, spürte ich, daß ich mit dem *Ruf der Natur* auch die schlechten Gedanken weggedrückt hatte. Zwei Stunden später standen wir auf dem Vorhof eines kleinen Tempels.

Die Anlage bestand aus zwei, der Göttin Kali geweihten Tempelchen. Sie waren aus rotbraunem Lehm gebaut, hatten spitze Wellblechdächer und jeweils nur eine schmale Tür. An den Wänden leuchteten bunte und mit viel Liebe gemalte Mandalas. Der Tempelhof war etwa zwanzig Schritte lang und vielleicht zehn Schritte breit, und in seiner Mitte stand ein einziges junges Bäumchen, ein Babybäumchen noch, nicht viel mehr als vierzig Zentimeter in die Welt gewachsen. Offensichtlich war man im Begriff, über dem Hof ein Dach zu bauen. Man hatte geschälte Baumstämme in den Boden gerammt und ein Dachgerüst aus Ästen darübergelegt. Aber es fehlten noch die getrockneten Palmenblätter, und deshalb gab das Dach keinen Schutz vor der Sonne, sondern malte nur ein Gittermuster von langen, schmalen Schatten, das sich über den gesamten Platz erstreckte. Allein das war ein Kunstwerk.

Das Wohngebäude lag dahinter. Eng an den Hang des Berges gekuschelt, glich es mehr einer Höhle als einem Haus, was ja nichts Schlechtes ist, und es gab zwei Gästezimmer für Pilger. Nachdem wir uns von Swami Ananda mit einem 10-Rupien-Schein verabschiedet hatten, bezogen wir das der Küche am nächsten liegende Zimmer, und es hatte im Gegensatz zu Jans und Anns Etablissement ein Fenster. Dafür besaßen unsere Freunde wiederum eine voll funktionstüchtige Tür, während wir uns mit getrockneten Blättern einschließen mußten. Unser Raum war ungefähr zwei mal zwei Meter groß, Matratzen gab es keine, aber Spinnen hatten in jahrelanger Feinarbeit zarte und gleichzeitig imposante Gebilde an den Wänden geschaffen.

Bewirtschaftet wurde der Tempel von einem jungen, sympathischen Ehepaar. Natürlich gehörten sie der höchsten Hinduklasse an, den Brahmanen, denn nur die dürfen in den Tempeln leben.

Sie waren arm, aber schön, hatten einen liebenswerten neunjährigen Sohn, ein Transistorradio und ein gutes Dutzend Hühner, die hin und wieder der Göttin Kali geopfert wurden. Den Mann sahen wir selten, dafür aber Sushila, seine Frau, ständig. Sie sprach kein Englisch, aber sie war klug, und irgendwie schafften wir es, uns mit ihr zu verständigen. Neunundzwanzig Finger alt war sie, und mehr als die drei Dörfer unten im Tal hatte sie von der weiten Welt noch nicht gesehen. Sie trug Ringe im Ohr und in der Nase, und jeden Morgen malte Sushila mit weißem Kreidestaub komplizierte Mandalas auf den rotbraunen Lehm. Einmal schien es mir, als ob Sushila *zarte Neigungen persönlicher Art* mir gegenüber kundtat, doch zog ich es vor, davon keine Notiz zu nehmen, und wahrscheinlich war es sowieso ein Mißverständnis. Ansonsten erwies sie sich als gute Köchin, und rechnen konnte sie auch. Drei Rupien pro Nacht für das Zimmer, vier Rupien für eine Mahlzeit (Reis, Gemüse, Quellwasser), eine Rupie pro Kaffee.

Mirtas Tagebuch

24. 1. 1984

Seit drei Tagen leben wir auf dem heiligen Berg. Ich habe Zeit und komme zum Malen und Meditieren. Ich merke, wie gut mir die Natur tut. Sie läßt mich menschlicher fühlen, mich als einen Teil von ihr sehen. Jeden Morgen gehen wir den Berg ein bißchen weiter hinauf, um den Sonnenaufgang zu erleben. Beim ersten

Mal mußte ich weinen, so stark war der Ausblick. Ich erinnere mich an meinen elften Geburtstag, zu dem meine Mutter mir einen wunderschönen Geburtstagskuchen gekauft hatte. Der Kuchen war oben mit Figuren aus Zucker und Schokolade verziert. Er stellte eine Szene von »Schneewittchen und den sieben Zwergen« dar, die vor einem Schokoladenhaus standen. Ich habe dagestanden und kein Wort der Dankbarkeit von mir geben können. Ich habe einfach nur geweint.

Oben auf dem Berg, beim Anblick dieser wunderschönen Welt, empfand ich dasselbe. Freude darüber, das alles erleben zu können. Manchmal denke ich, daß in solchen Momenten die Natur, die Erde, die Welt wie ein Spiegel meiner Seele, meiner inneren Schönheit ist.

Sushila zeigt mir, wie Mandalas gemalt werden. Bei ihr sieht das ganz leicht aus. Es ist aber gar nicht so einfach, mit diesem Kreidepulver zwischen Daumen und Zeigefinger Striche und Kreise am Boden zu ziehen. Es braucht Übung und vor allem Geduld.

Mittwoch, 25. 1. 1984

Der Berg hat eine magische Kraft. Seitdem wir hier sind, findet eine Reinigung in mir statt. Etwas fängt an, sich zu verselbständigen. Ich habe Wachträume. Wenn ich mich zum Schlafen lege und die Augen schließe, kommen mir plötzlich Bilder. Vorgestern sah ich eine alte Frau mit langen weißen Haaren. Sie hatte einen starken Gesichtsausdruck, und sie machte den Eindruck, sehr mächtig zu sein. Sie wurde aber von jemandem an den Haaren gezogen. Man schleifte sie durch Straßen und Schlamm. Sie verzerrte ihr Gesicht vor Schmerz, aber sie wehrte sich nicht.

Gestern abend sah ich einen Wanderer. Er ging einen Weg aus roter Erde, neben ihm sein Pferd. Er trug ein Tuch um die Hüften und eines um die Schultern. Sie waren braun und erdfarben. Er *wirkte auf mich sehr einfach, aber er hatte einen durchdringenden Blick. Ich kann diese Träume nicht deuten oder sie irgendwie einordnen. Fühle aber die Intensität und die Verbindung zu mir. Hoffe, eines Tages alles zu einem Puzzle zusammensetzen zu können.*

Donnerstag, 26. 1. 1984
Jan hat mir erzählt, daß mein Name von »Myrte« kommt und daß die Blume ihre Wurzel in Europa hat. Es war die Pflanze der Druiden. In Deutschland wird sie noch heute bei Hochzeiten benutzt. Die Braut bekommt ein Myrtensträußchen in die Hand. Mein zweiter Name ist Gladys. Darin ist das Wort »glad«, und es bedeutet »glücklich«. Und jetzt erfahre ich von Jan auch noch, daß Navas ein häufiger nordindischer Familienname ist. Was soll das alles bedeuten?

27. 1. 1984
Ich habe wieder einen Tagtraum gehabt. Es erschien mir das Bild einer roten Lilie, die im Zeitraffertempo aufging. Die Blütenblätter fielen ab. Der Stengel blieb groß und mächtig. Plötzlich verwandelte er sich in Gold, und eine neue goldene Lilie war zu sehen. Es war ein schöner Anblick. In mir stieg das Gefühl der Hoffnung und der Freude auf.

28. 1. 1984
Es ist Nachmittag, und alle sind weg. Helge, Ann und Jan sind im Wald, Sushila und ihr Sohn sind ins nächste Dorf gegangen, um Reis einzukaufen. Ich überlege, ob ich Helges Tagebuch lesen soll. Ich bin neugierig auf seine Erfahrungen der letzten Tage und wie er ihnen Ausdruck gibt.
  Ich habe es gelesen. Ich bin tief verletzt. Wie er über mich denkt, wie er mich sieht. Ich fühle mich mißverstanden und nicht

richtig wahrgenommen. Ich sei neidisch, hat er geschrieben, weil ich es bisher noch zu nichts gebracht habe. »Nur putzen und servieren.« Das hat mir weh getan. Er fühlt sich verletzt und angegriffen. Und bestimmt mit gutem Grund. Ich lasse öfters gegen ihn etwas fallen, was ich nicht weiter bedenke. Aber er stellt mich als Ungeheuer dar. Böse, inkonsequent. Und plötzlich spüre ich die Distanz zwischen uns. Ich erkenne, daß wir wirklich verschiedene Wege gehen. Bisher hatte ich den Unterschied zwischen unseren Persönlichkeiten nicht so stark wahrgenommen. Während der ganzen Reise setzte ich mich mit meinem Inneren auseinander und versuchte, Liebe entstehen zu lassen. Und wenn sie mich mal überkommt, dann ist es Helge, der den Ausdruck davon aufnehmen kann. Ich freue mich ja auch immer wieder, wenn ich mich öffne und damit auch ihn mehr begreifen und »lieben« kann.

Traurig und wütend zugleich nehme ich meinen Beutel, Farben, Papier, Kulis, Tagebuch und gehe den Pfad zur Bergspitze hoch. Den ganzen Weg über denke ich, daß es zusammen nicht mehr weitergeht. Weglaufen wäre das beste. Ich erinnere mich an verschiedene Male, als ich von meiner Mutter weggelaufen bin, weil mir ihre Ablehnung unerträglich wurde. Ich mühe mich weiter den Berg hoch, den Kopf vollgeladen mit Gedanken. Ich erreiche die Spitze des Berges. Die Aussicht übertrifft alles, was ich bisher gesehen habe. Ich setze mich, und langsam reinigt der Wind meinen Kopf von den bösen Gedanken. Ich schaue in die Runde und falle automatisch in Meditation.

Ich mache mir klar, daß Helge Helge ist und daß seine Wahrnehmung von mir durchaus berechtigt ist, wenn auch nicht objektiv. Ich mache mir klar, daß auch ich ein Bild von ihm habe, das nicht objektiv ist. Jeder lebt letztendlich in seiner eigenen Welt. Und es ist nahezu unmöglich, in die Welt des anderen einzudringen und ihn ganz zu verstehen. Es bleibt nur die Möglich-

keit, sich selbst zu erkennen, und jeder Fortschritt darin wird sich auch auf die Außenwelt und auf die nahestehenden Menschen auswirken. – Ich bin nicht mehr traurig, aber der Kopf ist mir immer noch schwer. Die Sonne wird bald untergehen. Der Himmel wird sich wieder verfärben. Ich werde ihn anbeten und meine Sorgen vergessen.

Ich hatte ein Date mit den Dschungel-Sadhus. Die leben, wie es der Name schon vermuten läßt, im Dschungel, etwa eine halbe Stunde Fußmarsch oberhalb unseres kleinen Tempels. Der erste, dem ich auf diesem Pfad begegnete, war ein ziemlich schlapper Jogi. Er war 32 Jahre alt und sah gut aus, mit seinen schwarzen Locken und magischen Augen. In *Germany* hätte er absolut keine Probleme, was Frauen angeht. Mit den klassischen Joga-Tugenden sah er es allerdings nicht so eng. Vor zehn Uhr morgens war er nie wach, da ähnelten wir uns, und Asanas mochte er nicht. Er war ein *Jani-Jogi*, das heißt ein Philosoph, einer von denen, die das Haar zwanzigmal spalten müssen. Er kam aus Rishikesh. Ich erzählte ihm vom TM-Maharishi, der ja auch aus dieser Stadt im Himalaja stammt. Als ich ihm sagte, daß Maharishi für ein Mantra mindestens 1600 Rupien verlangt, fiel der Jani fast von seinem Baumstamm.

Hundert Meter oberhalb aber ging es richtig zur Sache, da klappte das Bilderbuch auf, und Kalidassa kam heraus, ein Jogi vom Feinsten, ein klassischer Asket mit lieben Augen, langem Bart und makellosem Körper, von den Krampfadern, die wie Schlangen an seiner linken Wade klebten, mal abgesehen. Kalidassa war 52 Jahre alt und lebte seit sechs Jahren hier im Urwald. Er hatte sich ein kleines Haus aus Lehm gebaut, ein zweites stand kurz vor der Fertigstellung.

Wenn man vor Kalidassas Aschram saß, schaute man durch eine Öffnung des Dschungels wie durch ein Fenster weit über das Land. Hinter seinem Haus war ein kleiner Teich, auf dem Lotosblüten träumten. Zu dem kam, wie Kalidassa erzählte, jeden Morgen sein Freund, der Tiger, um zu trinken. Er zeigte mir den Pfad des Tigers, er zeigte mir die Fährte des wilden Büffels, er zeigte mir die fünf Meter lange Königskobra (die ihn abends besuchte), und er zeigte mir das winzige Loch an der Mauer seines Aschrams, durch das eine andere, kleinere und giftigere Schlange in sein Allerheiligstes zu schlüpfen pflegte. Dort hatte er seinen Feueraltar und seine Götterbilder und seine heilige Asche. Nur als Gärtner war Kalidassa eine Niete. Die Marihuanapflanzen in seinem Garten machten einen kümmerlichen Eindruck. Trotzdem wurde er zu meinem Lieblings-Sadhu.

An jenem Nachmittag, als ich mit Jan und Ann bei ihm saß, sahen wir zu, wie er sich wusch. Er füllte einen kleinen roten Plastikeimer mit heißem Wasser, stellte sich mit dem Gesicht nach Westen, da, wo das Fenster im Dschungel war, und begann das Werk. Zuerst legte er seine weiße Perlenkette ab und besprengte sie mit dem Wasser. Dann besprengte er seinen hölzernen Meditationsstab und legte ihn neben die Kette. Dann wurde der goldglänzende Krug gewaschen (ein Geschenk von seinem Guru), und schließlich kamen die Sandalen an die Reihe. Die waren aus Holz und hatten vorne einen dicken, runden, mehrfach gerillten Pflock. Wenn Kalidassa spazierenging, steckte dieser Pflock zwischen seinen Zehen, da, wo wichtige Nerven des Körpers zusammenlaufen. Der Pflock sorgte dafür, daß diese Nerven ständig gereizt und aktiviert wurden. Das brachte Speed in seine Füße.

Anschließend wusch Kalidassa, mit den langen Haaren beginnend, Stück für Stück abwärts seinen makellosen Körper, und das alles in einem wahnsinnigen Tempo. Dann schloß er Daumen und Zeigefinger zu einem Kreis, murmelte einige Mantras und ließ eine Handvoll Wasser durch das Sonnenlicht auf den Boden perlen. Dann war er fertig.

Als wir uns verabschiedeten, sah mir Kalidassa noch einmal in die Augen. Sein Blick war so lieb, bescheiden und kindlich, daß ich mich wieder zu schämen begann. *Ich mache mich über ihn lustig, dachte ich, aber er ist ein wahrer Diener der Göttin Kali. Egal, wie kindlich sein Glaube sein mag, wichtig ist doch nur, wie sehr er glaubt und was dieser Glaube bei ihm bewirkt. Mein Glaube scheint sich in Zynismus zu erschöpfen, und so doll ist das ja nun auch wieder nicht. In seinen Augen liegt Schönheit und Demut, in meinen die Hochnäsigkeit des Europäers. Dabei haben wir dieselben Wurzeln. Indogermanen. Eine große alte Rasse, die sich vor Tausenden von Jahren während einer langen kontinentalen Wanderschaft geteilt hat. Wir im Westen knechten die Erde bis aufs Blut, aber der hier hat einen Tiger zum Freund.*

Am Abend traf ich Mirta wieder und erfuhr, daß sie in meinem Tagebuch gelesen hatte. Das war ein Schock. Die Jauche meines Gehirns hatte sie sich reingezogen, wo sie doch so empfindlich ist und ich die ganze Angelegenheit inzwischen sowieso ganz anders sah. »Komm«, sagte ich, »laß uns reingehen und die Dinge mal in Ruhe besprechen.«

Wir zündeten das Öllämpchen an, das uns Sushila gegeben hatte. Das Licht flackerte auf unseren Gesichtern, durch das Fenster leuchteten die Sterne in den Raum, im Dschungel gingen die Tiger auf Jagd. Wir brachen die letzte Packung Gold Flake an und redeten zum erstenmal ganz ehrlich miteinander. Ich erzählte ihr alles, alle meine dummen Gedanken legte ich vor ihre gekreuzten Beine. Daß ich schon bei unserer Abfahrt in Deutschland ein schlechtes Gefühl hatte, als ich ihr für die Reise Geld auslegen mußte. Damals war es schon losgegangen, das Gefühl, ausgenutzt zu werden. Und kurz vor dem Berg hatte sich dieses Gefühl verstärkt, hatte es sich zu einem Unwetter verdichtet, zu dunklen, schweren Wolken.

»Als wir den Berg hochgingen, war es mir, als gingen wir den Pfad der schlechten Gedanken«, sagte ich. »Was ich da in mein Tagebuch geschrieben habe, ist der Ausfluß dieser Gedanken. Aber es ist nicht die letzte Wahrheit. Es ist Schweiß, Mirta, und bitte glaube mir, seitdem wir hier oben sind, haben sich die Wolken verzogen. Weißt du, was mir klargeworden ist? An sich eine alte Sache, tausendmal gesagt und gedacht. Aber diesmal habe ich es anscheinend wirklich begriffen:

Mit jedem Schritt, mit dem wir uns vor ein paar Tagen der Spitze des Berges näherten, wurde mir das Spiel der Dualität offensichtlicher. Schöne Mirta, häßliche Mirta, Heilige und Hure, angebetet und verflucht, begehrt und verstoßen. Das bist nicht du, Mirta, das sind meine Bilder von dir. Ich habe mir Vorstellungen gemacht und wurde von meinen eigenen Vorstellungen enttäuscht. Ich habe mir ein goldenes Kalb geschaffen, eine goldene Mirta, eine geheimnisvolle Indianerin, und dann habe ich irgendwann den Glauben gewechselt, bin zum Ketzer geworden. Plötzlich warst du der Teufel, die, die an allem schuld war. Aber Mirta, es ist doch eine gute Sache, wenn dieses Spiel sich als Spiel offenbart. Mir ist es auf dem Weg hierhin überdeutlich geworden, und dann war es plötzlich weg. Verstehst du? Ich habe, was dich betrifft, die Mitte gefunden. Ich bin nicht mehr verliebt, ich himmel dich nicht mehr an, ich setze keine Hoffnung mehr in dich, du bist nicht mehr die Frau meiner Träume. Ich sehe dich endlich, wie du bist, und ich glaube, daß damit die Liebe überhaupt erst möglich wird. Alles andere ist Wahn.«

Mirta hatte still zugehört, und ich sah, daß kein Sträuben in ihr war. Mir wurde klar, daß sie an diesem Nachmittag, während ich bei Kalidassa im Dschungel gewesen war, ebenfalls den Pfad der schlechten Gedanken verlassen hatte. Sie sah geschafft, müde und traurig aus, aber diese Traurigkeit hatte einen schönen Glanz. Ich konnte meine Blicke darauflegen, ohne mich zu verbrennen.

»Weißt du, wie ich dich jetzt sehe?« fuhr ich fort. »Du bist keine Putzfrau. Du bist eine Künstlerin. Du hast eine tiefe Seele, und ich wünschte, ich könnte Indien so aufnehmen, wie du es tust. Mit soviel Wärme und soviel Ernsthaftigkeit.«

Das alles meinte ich ganz und gar ehrlich. Es war kein Schmus, und es blieb mir nur noch eine Sache zu sagen, und das tat ich auf spanisch:

»*Te quiero.*«

Mirta nahm meine Hand, wir legten uns auf unsere Bastmatten, und der Bann war beinahe gebrochen.

Als ich aufwachte, sah ich Kalidassa. Er hatte seinen langen Bart durch das Fenster gehängt und sagte: »Ho, ho.« Wir baten ihn erfreut zu uns herein, bestellten bei Sushila Kaffee, und der Jogi hustete drei unserer Gold Flakes weg, denn das Rauchen war sein einziges Laster. Er wollte hinunter in den Ort gehen und bot sich an, dort für uns einzukaufen. Wir bestellten ein halbes Kilo Tomaten, zehn Bananen, Butter, wenn er sie bekäme, Zucker und Zigaretten. Ich begleitete dann Kalidassa ein Stück des Weges, weil ich meinen Morgenschiß in die Pflanzen des Dschungels wegzudrücken gedachte. Kalidassa war ziemlich guter Laune. Er trällerte seine Mantras mit der Herzenslust eines glücklichen Vogels, und ich hörte ihn noch lange, nachdem wir uns getrennt hatten, aus dem Dschungel summen und brummen. Was für ein Leben, dachte ich, während ich über dem Gras hockte. Was für ein Leben.

Ein neuer wundervoller Tag brach an. Mirta malte Mandalas, ich schrieb einen Brief nach Hause und verbrachte ansonsten den Vormittag mit Staunen. Gegen Mittag döste ich in dem Kegel der Lichtstrahlen, die durch die Löcher des Daches in unseren Raum fielen, und später saß ich auf dem Schattengeflecht des Tempelhofes und schaute auf die Welt.

Nachdem die Sonne rot in den Horizont gefallen war, rief uns Sushila zum Essen. Auch Jan und Ann waren von einem langen Spaziergang zurück. Wir setzten uns gemeinsam vor ihre Küche, Sushila breitete Palmenblätter auf dem Boden aus, wir ließen ein paar Tropfen Quellwasser daraufallen, wuschen mit dem Handrücken die Blätter frei von Staub, dann schaufelte die Köchin ihren Reis darauf. Gegessen wurde mit der Hand. Mit der rechten natürlich, denn die linke gilt in Indien aus gutem und bekanntem Grund als unrein. Es gab etwas mehr Gemüse als üblich, weil Sushila gestern im Dorf eingekauft hatte.

Jan erzählte, daß er und Ann Farn gepflückt hätten. Ganze Büsche davon. Sie wollten die Pflanzen unter ihre Schlafmatten legen, denn in den letzten Nächten hätten sie schlecht geschlafen. Der Boden war zu hart. Eine gute Idee. Auch meine Hüftknochen schmerzten. »Es ist so einfach mit dem Leben hier«, sagte ich. »Die Erde gibt dir alles, was du brauchst. Kalidassa gibt sie Steine für seinen Aschram, euch gibt sie Farn für das Bett. Ich werde traurig, wenn ich an Deutschland denke. Unsere Wälder sind bald tot.«

»Ja, ich habe davon gehört«, sagte Jan. »In England ist es noch nicht so schlimm. Aber es fängt an. Ich kann es ziemlich gut beobachten. Habe ich dir eigentlich erzählt, daß ich Landschaftsgärtner bin?«

»Ich dachte, du arbeitest im Verlagswesen.«

»Das war früher. Davon kann ich nicht mehr leben. Den Verlagen geht es zu schlecht. Ich entwerfe jetzt Gärten, arbeite in Parks. Manchmal muß ich auch Bäume heilen. Gerade diesen Sommer, bevor ich wieder nach Indien geflogen bin, habe ich eine große alte Buche sterben sehen. Wir konnten sie nicht mehr retten. Sie wurde gefällt. Die Engländer sehen das Waldsterben noch nicht so deutlich wie die Deutschen, aber es beginnt.«

»Weißt du, ob es auch in Indien ein Waldsterben gibt?« fragte ich. »Ich habe gelesen, daß es eigentlich keinen Platz mehr auf der Erde gibt, der noch ganz und gar sauber ist, weil inzwischen die Atmosphäre dermaßen versaut ist, daß um unseren Planeten ein Schmutzring liegt. Für mich ist das eine furchtbare Vorstellung. Gift fällt vom Himmel, wo immer ich bin. Und der Schmutz da oben wird dichter und immer dichter, und irgendwann wird er uns ersticken, und es gibt keinen Ort, an den wir flüchten könnten.«

»Im Prinzip stimmt das«, antwortete Jan, »aber natürlich ist die Luft in Indien noch immer fast sauber, verglichen mit der in Mitteleuropa. Doch ein Waldsterben gibt es auch hier. Nur eine ganz andere Art von Waldsterben. Hast du mal vom *Monkey Fever* gehört?«

»Affenfieber? Nein, ich glaube nicht.«

»*Monkey Fever* ist eine völlig neue Seuche, die erst vor wenigen Jahren in Indien ausgebrochen ist. Und zwar gar nicht weit von hier, im Shimoga-Distrikt. Eine wirklich teuflische Krankheit. Die Leute bekommen schlimmes Fieber, ihre Gesichter schwellen zu Fratzen an, zwei, drei Wochen liegen sie mit verdrehten Gliedern und Muskelkrämpfen, dann sterben sie. Es ist wie eine neue Pest. In den letzten drei Monaten sind über zweihundert Menschen an *Monkey Fever* gestorben, und alle lebten sie in Karnataka, sechzig oder achtzig Meilen von hier entfernt. Bis jetzt hat man noch kein Mittel dagegen gefunden. Eine Reihe von Wissenschaftlern aus Delhi sind zur Zeit im Shimoga-Distrikt. Weißt du, was sie herausgefunden haben? *Monkey Fever* tritt nur dort auf, wo man den Urwald gerodet hat, um neue Anbauflächen für Reis zu schaffen. Mitten im Dschungel hat die Regierung riesige Flächen abholzen lassen, und nun glauben die Wissenschaftler, daß dadurch der Virus freigesetzt wurde. Wahrscheinlich hat dieser Virus schon immer im Zentrum des Dschungels existiert. Affen sind bereits früher davon befallen worden, davon hatte man gewußt. Daher auch der Name. Vielleicht haben sich auch hin und wieder mal Menschen, die so tief in den Wald vorgestoßen sind, mit ihm infiziert. Doch sie sind gestorben, bevor sie wieder ihre Dörfer erreichen konnten. Mit den Rodungen haben die Inder den Dschungel aufgebrochen, und die Seuche kommt heraus. Das ist die indische Version vom Waldsterben.«

Eine halbe Stunde später saß ich mit Mirta in Sushilas Gemüsegarten, wo wir abends zu meditieren pflegten. Er lag hinter ihrer Küche und war nicht mehr als zwei Meter breit. Ein kleiner künstlich angelegter Bach, der das kristallklare Wasser einer dreißig Meter oberhalb aus dem Berg springenden Quelle direkt zu Sushilas Kochtöpfen leitete, plätscherte ruhig an unseren Füßen vorbei, Sterne funkelten am Himmel, vor uns, zum Greifen nahe, war der Dschungel. Wie schon gesagt, jede Meditation hat ihren eigenen Charakter, und diese hier in Sushilas Gemüsegarten kippte in einen Edgar-Allan-Poe-*Encounter* ab, denn ich dachte an den Tod, der aus dem Dschungel kommt.

Jahrtausende lebte er im Herzen des Waldes, weitab von jeder menschlichen Siedlung. Im dichten Unterholz saß er, in einem Gefängnis, aus dem selbst der mächtigste aller Dämonen nicht auszubrechen vermag. Das Leben opferte ihm Affen und hin und wieder einen armen Menschen, der sich verlaufen hatte. Damit mußte er sich zufriedengeben. Aber jetzt war seine Zeit gekommen. »Kali Juga«, *das dunkelste Zeitalter der Weltgeschichte.*

Überall auf der Erde beschäftigen sich die Menschen mit nichts anderem als Zerstörung, jedes Volk auf seine Weise. Die Inder roden den Urwald und brechen damit die Mauern des Gefängnisses auf, in dem der tödliche Dämon wartet. Monkey Fever.

In diesen Bildern dachte ich, während die Affen schrien, und das Gruseln nahm zu.

»Laß uns in unser Zimmer gehen!« sagte ich zu Mirta. »Mir wird etwas merkwürdig zumute.«

»Was hast du denn?«

»Ich glaube, das Ganja war zu stark.«

Wir standen auf, gingen in unseren Raum und legten uns auf die Matten. Mirta schlief sofort ein, aber ich sorgte dafür, daß ein Öllämpchen brennen blieb. Ich war auf eine sehr unangenehme Weise hellwach. Der kleine Tempel hier oben erschien mir plötzlich in einem anderen Licht. Wurden in ihm nicht Blutopfer für Kali dargebracht? *Kali, die Göttin der Zerstörung. Die Todesgöttin.* Mir wurde bei diesem Gedanken immer merkwürdiger zumute. Ängstlich hörte ich in die Nacht. Es kam mir vor, als würden die Schreie der Affen lauter, als näherten sie sich langsam dem Tempel. Mir fiel die *Geschichte vor der Geschichte* wieder ein, die Jan erzählt hatte. Die Legende von dem Schwarz-Magier. Hier hatte er gelebt, hier auf diesem Berg. Die Menschen hatten Kali um Hilfe angefleht, und die Göttin hatte sie von dem Dämonen befreit. Damals, *vor der Geschichte.* Aber sie flehten immer noch zu Kali, sie beteten immer noch zu ihr. Jeden Tag hörte ich Sushilas Mann das Glöckchen im Tempel läuten.

Sie beten noch immer. Sie beten noch immer.

Wie ein Mantra ging mir dieser Satz durch den Kopf. Ich verstand nicht sofort, ich hörte mich nur selbst sagen:

Sie beten noch immer. Sie beten noch immer.

Plötzlich verstand ich.

Die *Geschichte vor der Geschichte* war noch nicht zu Ende. Sie flehten noch immer Kali um Hilfe an, und noch immer lebte der Dämon hier oben im Dschungel.

Damit hatte ich die Grenze endgültig überschritten und verfiel einer ausgewachsenen akustischen Halluzination. Das Grauen da draußen wurde real.

Monkey Fever. Er schickt die Affen, um mich zu holen. Ich bin das Opfer, das der Tempel ihm bringt. Er weiß, daß ich hier bin. Meine Angst ist das Blut, das er riecht. Die Affen kommen. Ich kann ihnen nicht entgehen. Das Fenster hat keine Gitter, der Eingang hat keine Tür. Es ist zu spät.

Die Affen waren nun ganz nah. Sie schrien nicht mehr, aber ich hörte hinter der Mauer, die zwischen mir und dem Dschungel stand, Geräusche, die nur von großen Tieren stammen konnten. Ich hörte Äste knacken und Zweige rascheln, heiseres Keuchen und rasselnden Atem. Durch die Wand konnte ich sie sehen. Große, schwarze Affen mit häßlichen Gesichtern und furchtbarem Gebiß. Jetzt waren sie schon auf dem Hof. Ich hörte sie ganz deutlich. Vor unserem Raum waren sie, direkt vor dem Eingang.

Monkey Fever.

Tod, dachte ich, *das ist der Tod*, und dann dachte ich nichts mehr, dann fühlte ich ihn. In den Füßen, in den Beinen, im Rückgrat, im Kopf. Überall fühlte ich den Tod, wie eine dunkle, heiße Energie, wie ein Strom, der immer stärker wurde und mich lähmte, so als hätte ich meine Seele in eine Steckdose gehängt. Dann überschwemmte der dunkle, heiße Strom mein Bewußtsein, und er hätte mich aus dem Leben geschleudert, wenn nicht in diesem Moment Kalidassa seinen Bart durch die Palmenblattmatten geschoben hätte.

»Ho, ho«, sagte der Jogi, und der Film riß auf der Stelle.

Ein paar Minuten später saß ich mit Kalidassa draußen vor der Tür und beruhigte mit ein paar filterlosen Gold Flakes meine Nerven. Er war gerade aus Lorkol zurückgekommen, er hatte Licht in unserem Fenster gesehen und seine Waren abliefern wollen. Butter hatte er keine bekommen, dafür aber Tomaten zu einem sensationellen Preis. Nachdem er alles auf den Paisa genau abgerechnet hatte, verließ er mich und verschwand in der Nacht.

Ich blieb noch eine Weile auf der Veranda hocken. Das *Monkey Fever* war genauso schnell verschwunden, wie es gekommen war. Ich rauchte die letzte Gold Flake zu Ende, löschte dann das Öllämpchen und fiel in einen tiefen, traumlosen Schlaf.

Als ich wieder aufwachte, lag die Sonne bereits heiß und hell auf meinem Gesicht. Mirta war nicht da, und ich fühlte mich ausgesprochen gut. Ich hatte noch keine Lust aufzustehen. Wenn ich die Augen schloß, sah ich Licht wie tanzenden Nebel, wenn ich sie öffnete, sah ich den Staub in den Sonnenstrahlen, die Spinnennetze im Fenster. Dann hörte ich draußen Stimmen. Fremde Stimmen. Ich zog mich an und ging vor die Tür. Da waren acht Inder, die ich nicht kannte. Mirta sprach mit einer jungen Frau. Großes Hallo für mich.

Zehn Minuten später war ich auf dem Stand der Dinge. Drei frisch getraute Ehepaare mit Anhang waren es, die für einen Tag auf den Berg gekommen waren. Eine Hochzeitsreise sozusagen. Sie hatten bereits der Göttin ein paar von Sushilas Hühnchen geopfert, und sie wollten am Nachmittag wieder zurück nach Hause. Sie lebten in einer kleinen Stadt namens Ragas. Vorher wollten sie noch mit uns essen. Sushila machte deshalb ein sehr fröhliches Gesicht. Ihr Umsatz würde sich heute verdreifachen, und für die geopferten Hühner hatten die Gäste auch gut bezahlt. Es gibt gute Tage im Leben einer Brahmanenfrau.

Wir verstanden uns mit den Leuten aus Ragas ausgezeichnet. Während des Essens sangen sie uns indische Volkslieder vor (»Als Krishna jung war, stahl er Butter, das erzürnte seine Mutter«), dann waren Mirta und ich an der Reihe. Das Publikum legte Wert auf deutsche Lieder, und nach einigem Suchen fand ich in den Abgründen meines Bewußtseins längst verloren geglaubte Überreste der »Mundorgel« und darin wiederum einige recht passende Stücke. Ab ging der Blues, unerschrocken und zweistimmig: »*Die Affen rasen durch den Wald, der eine macht den andern kalt, die ganze Affenbande brüllt: Wo ist die Kokosnuß, wo ist die Kokosnuß, wer hat die Kokosnuß geklaut?*« Dann kam dreimal hintereinander die erste Strophe vom »*Hamburger Veermaster*«, dann »*Das Müllern ist des Wanderers Lust*« und zum Abschluß »*Bolle reiste jüngst zu Pfingsten*«.

Das Konzert war ein voller Erfolg. Wir wurden nach Ragas eingeladen, und zwar dringend und unbedingt. Zum Abschied wollte eine der Frauen noch von Mirta wissen, wie lange wir verheiratet seien. »Seit zwei Jahren«, stotterte sie. Das wußte ich noch gar nicht, und ich nahm mir vor, bei Gelegenheit darauf zurückzukommen.

Zwei Tage später verließen wir den Berg. Der Morgen war noch dunkel, als wir uns bereitmachten. Sushila hantierte in der Küche. Wir tranken einen Liter Kaffee und gingen ein letztes Mal hinauf in den Dschungel, denn wir wollten uns von Kalidassa verabschieden. Als wir über den kleinen Pfad zu seiner Hütte gingen, mußte ich kurz an seinen Freund, den Tiger, denken, und ich mußte auch daran denken, wie angenehm es ist, sich vor dem engeren Freundeskreis von Kalidassa nicht mehr zu fürchten. Es gibt so etwas wie ein Gespür für Schicksal, wenn der Kopf klar ist, das einem sagt, wann es Zeit zum Sterben ist. Und es war noch lange nicht soweit.

Kalidassa saß fertig geschminkt im Allerheiligsten seines Aschrams. Drei mit Asche gezogene Striche auf den Oberarmen, drei lange quer über die Brust, neun über den Bauch, drei feine Linien auf der Stirn, und in der Mitte leckte von der Nasenwurzel bis zum Haaransatz feuerrot die Zunge der Göttin.
»*We come to say goodbye.*«
Der Jogi winkte uns hinein.
»Ho, ho. *Sit, sit.*«
Wir setzten uns vor seinen Altar. Das Feuer brannte, die Götterbilder, die an seiner Wand lehnten, wirkten in dem Spiel von Licht und Schatten lebendig. Auf dem größten Bild war Kali zu sehen. Blau und zornig und vielarmig. Sie trug allerlei in ihren Händen. Ein Schwert, einen abgeschlagenen Menschenkopf, eine Muschel, ein Zepter. Unter ihren Füßen lag besiegt und tot ein Jogi. Die Schwingung in dem Raum war ausgesprochen stark, und ich mußte für einen Moment an meine *Monkey-Fever-*Phantasien zurückdenken, in denen diese Göttin eine Rolle gespielt hatte. Aber wie gesagt, die Angst vor des Jogis engerem Freundeskreis war nicht mehr, und außerdem stand zur Linken von Kalidassa ein Bild von Ganesh, dem Elefanten-Gott. Der ist der Überwinder aller Schwierigkeiten und der Schutzpatron der Diebe, Kaufleute und Märchenerzähler. Möge Ganesh uns helfen, die tausend Brücken zu bauen, und möge Kali die tausend Dämonen der Dummheit enthaupten.

Wir meditierten einige Minuten, dann hielt uns der Jogi eine Schale hin, in der ein kleines Feuer brannte. Wir legten abwechselnd unsere Hände darüber. Kalidassa malte uns mit Asche ein Zeichen auf die Stirn, nahm unsere Hände und hielt sie gemeinsam über das Feuer. Dabei murmelte er etwas, und ich war sicher, daß es keine Flüche waren. Zum Abschluß machte er uns ein Geschenk. Zwei Handvoll Asche aus seinem Feuer, verpackt im Blatt eines Bananenbaumes.

»*Every night before sleeping, take*«, sagte er, zeigte auf unsere Stirn und verdrehte die Augen. »*And think of Kalidassa.*« Wir versprachen es.

Gold floß in den Dschungel, als wir Kalidassa verließen. Wenig später verabschiedeten wir uns kurz, aber herzlich von Jan und Ann, die noch einige Tage auf dem Berg zu bleiben gedachten. Wir bezahlten bei Sushila unsere Zeche und machten uns dann gutgelaunt an den Abstieg.

Den ganzen Weg hinunter sangen wir dermaßen laut unser neues Mundorgelrepertoire, daß die kleine Chaibudenbesitzerin im Tal wahrscheinlich schon zehn Minuten, bevor wir aus dem Dschungel traten, das Teewasser für uns aufgesetzt hatte. Wir setzten uns an die groben Holztische unter ihrem Blätterdach, tranken, rauchten und aßen Nüsse.

»Ich muß dir etwas sagen, Mirta.«

»Ich höre.«

»Du erinnerst dich vielleicht daran, daß Jan so sehr von Ram-Ram geschwärmt hat, diesem alten Baba aus Bangalore. Bevor wir auf den Berg gingen, war er noch in Lorkol. In dem Aschram des Amerikaners.«

»Ja und weiter?«

»Ich würde gerne Ram-Ram sehen, bevor wir wieder an die Küste runterfahren. Ich kann dir nicht sagen, warum. Aber ich habe diesen Wunsch, seitdem Jan von ihm gesprochen hat. Was meinst du?«

»Ich sehe eigentlich keinen besonderen Grund für mich, zu Ram-Ram zu gehen«, antwortete Mirta. »Aber ich habe auch nichts dagegen. Wie du möchtest. Wenn du gehst, komme ich mit.«

Wir bezahlten und brachen auf, obwohl die Inderin meinte, daß wir an der Straße erst gegen Abend einen Bus bekommen würden. Wir glaubten ihr nicht. Eine Stunde gingen wir noch durch den Wald, dann hatten wir die Straße erreicht. Kein Tiger brüllte zum Abschied, aber ein Bus kam um die Kurve gefahren, hielt an und nahm uns mit nach Lorkol.

Es war Nachmittag, als wir in Roberts Aschram kamen. Eine Kuh hatte an diesem Tag ein Kalb geboren, und der Amerikaner lief mit einem gelbbemalten Gesicht durch seinen Garten. Ram-Ram saß unter einem Baum. Ich erkannte den Baba sofort. Der Garten war grün, und der alte Mann war weiß. Ganz weiß. Seine Haare, sein Bart, seine Zähne, seine Kleider, seine Aura, alles war schneeweiß. Es schien ihn überhaupt nicht zu wundern, daß wir mit ihm sprechen wollten. Es schien eher so, als hätte er uns erwartet.

»Ich bin kein Lehrer und kein Guru«, sagte er zur Begrüßung, »ich bin nur ein alter Mann, der sich freut, mit euch zu sein.«

Wir setzten uns zu ihm unter den Baum und redeten etwa eine Stunde. Ich stand in dieser Zeit unter einer sehr rätselhaften, sehr starken Spannung. Ram-Ram faszinierte mich, und er verwirrte mich, und beides wurde mir entschieden zu intensiv. Er war einfach zu klar. Er war wie ein Spiegel, und wenn ich hineinschaute, sah ich einen Idioten.

Ram-Ram riß einen Witz nach dem anderen.

So erzählte ich ihm zum Beispiel, daß ich mit Mirta allerhand Schwierigkeiten gehabt hatte. Ich weiß wirklich nicht, warum, ich hab's ihm einfach gesagt.

»Das ist normal«, sagte Ram-Ram. »Das kommt, weil sie eine Frau ist. Das macht immer Ärger. Aber es ist gut so. Ihr beide seid Künstler. Künstler brauchen anstrengende Partner. Was würdest du tun, wenn sie dir keinen Ärger mehr machte? Du hättest nichts mehr, worüber du schreiben könntest. Ich sage dir, sei freundlich zu deinem Unglück, denn dein Unglück bringt dir gute Storys und viel Profit.«

Mal davon abgesehen, daß ich mich fragte, woher der Typ wußte, wovon ich lebe, blieb mir bei dieser Art von Witzen das Lachen irgendwo stecken.

Ram-Ram wollte nun wissen, ob wir Zigaretten dabeihätten, und ich nickte. »Dann laß uns zum Wohle der Zigarettenfabrik und zum Nachteil für unsere Gesundheit rauchen«, sagte er, »das entspannt.«

Während wir also zum Wohle der Zigarettenfabrik rauchten, legte Ram-Ram zwei meiner Gold Flakes nebeneinander auf den Rasen und fragte uns, was das da nun sei. Die Mathematik sage, es seien zwei Zigaretten, aber das stimme nicht. »Unsere Mathematik ist falsch.«

Ich konnte mir schon denken, worauf er hinauswollte, aber das schien mir zu simpel. Mirta sagte es für mich.

»Es ist eins.«

Ram-Ram schüttelte den Kopf.

»Es ist nicht eins, und es ist nicht zwei. Es ist dasselbe, verstehst du?«

Ich verstand nicht, und auch das Rauchen hatte mich nicht entspannt. Ich nahm deshalb an, daß es das beste wäre, den Journalisten rauszulassen. Als Rettung sozusagen, damit ich wieder wußte, wo es langging. Ich wollte Ram-Ram deshalb die üblichen Fragen stellen, das, was ich schon Kalidassa gefragt hatte und einige andere Sadhus zuvor. *Wie lange machst du schon Joga? Wann hast du mit dem Meditieren begonnen? Seit wieviel Jahren bist du Sadhu?* So etwas in der Art wollte ich ihn fragen, aber bei dem weißen Baba war das gar nicht so einfach. Schon während ich die Fragen dachte, kam ich mir dämlich vor. *Der macht kein Joga mehr, das ist doch klar. Aus den Schuhen ist er lange raus. Und Meditation? Was bedeutet das für ihn? Das ist sein Leben. Und wer oder was ist er eigentlich? Ein Sadhu ist er jedenfalls nicht, soviel weiß ich. Ein Jogi ist er auch nicht. Kein*

Swami, kein Guru (hat er selbst gesagt), kein Lehrer. Er ist ein alter Mann, der sich freut, mit uns zu sein. Soll ich ihn fragen, wie lange er schon ein alter Mann ist?

»Wie lange machst du das?«, fragte ich schließlich, und das war dann tatsächlich die dümmste Formulierung, die mir einfallen konnte. Aber Ram-Ram antwortete ganz ernsthaft.

»Ich weiß es nicht so genau. Auf alle Fälle aber ein paar Leben. Genau wie ihr. Aber die Menschen vergessen zu schnell. Darum leiden sie. Ich bin froh, daß ich kein Mensch bin. Die Menschen leiden zu viel.«

Moment mal, dachte ich, einen Moment mal, bitte.

Ram-Ram lächelte. Er lächelte ununterbrochen. Sein Gesicht war ein einziges Lächeln. Die Augen, die Stirn, der Mund. Er konnte nicht anders. Er lebte im Land des Lächelns, und er gab sich alle Mühe, uns rüberzuholen. Mit Mirta ging das einfach. Sie floß in seine Augen. Aber ich konnte nicht. Ich wollte nicht. Ich trug diese Guru-Psychose in mir. Bloß nicht auf einen indischen Heiligen abfahren. Die Zeit ist vorbei.

»Wie fühlst du dich?«, fragte er mich ganz unvermittelt, und daß er sich nach meinem Befinden erkundigte, fand ich nun wieder nett von ihm. Ich sagte, daß ich mich immer noch nicht in Indien angekommen fühlte, was die Wahrheit war. Ich reiste zwar auf diese alternative Weise durch das Land, aber ich war dabei trotzdem ein Tourist geblieben. Touristen kommen nie an, und »andere« Touristen kommen auf eine andere Art nie an. Ram-Ram meinte, das sei nicht weiter schlimm, denn Indien sei sowieso nur »*a state of mind*«, eine Frage des Bewußtseins. »Indien bedeutet Frieden, und Frieden kannst du überall finden.«

So ging es noch eine Weile hin und her, und meine Stimmung änderte sich nicht. Ich konnte den Mann nicht annehmen, seine Worte prallten an meinem Kopf ab. Wenn er ernsthaft redete, dachte ich, daß ich diese Texte schon zigmal vorher gehört hatte und sie von daher nichts Neues waren, nichts, worüber ich noch groß nachdenken sollte. Trotzdem war mir die ganze Zeit klar, daß dieser alte Mann genau in der Mitte des Universums ruhte. Kalidassa und all die anderen Jogis, denen ich vorher begegnet war, befanden sich auf dem Weg dahin, gaben ihr Bestes. Aber Ram-Ram stand hinter der Mauer, dessen war ich mir bewußt. Das war der Konflikt. Ein Teil meines Ichs hatte das Bedürfnis, sich zu verneigen, ein anderer Teil rebellierte dagegen. *Er ist kein Guru, und ich bin kein Schüler. Wir gehen denselben Weg. Wir sind gleichwertig.* Aber immer, wenn ich etwas von Mann zu Mann sagen wollte, dann schämte ich mich schon, bevor ich den Satz zu Ende gebracht hatte, für den Schrott meiner Gedanken.

Ich war deshalb heilfroh, als die Zeit zum Aufbrechen kam. Ram-Ram begleitete uns durch den Garten des Aschrams, und als wir vor dem kleinen Tor zur Straße angelangt waren, sagte er zum Abschied noch was Nettes zu mir.

»Wenn du Lügen erzählen willst, schreib Bücher.«

Dann legte er seine Hände auf unsere Köpfe.

»*God's blessing be with you everywhere.*«

»Gottes Segen auf all euren Wegen.«

Zehn Minuten später, als wir mit dem Bus aus Lorkol herausrollten, spürte ich die Wirkung. Die Spannung wandelte sich um, und etwas in mir wurde leicht und immer leichter. Es gibt viele Bilder, mit denen man das beschreiben könnte, was nun geschah, aber keines scheint mir so treffend zu sein wie das älteste Klischee aller Kiffer und Acid-Heads: *Ich wurde high, absolut high.* Mit jeder Kurve, durch die der Bus der Küste entgegenfuhr, veränderte sich mein Bewußtsein in jener Intensität, die ich bisher nur unter dem Einfluß von LSD kennengelernt hatte.

Doch es war besser als LSD. Reiner, sicherer, realer. Ich schaute aus dem Fenster und sah die Natur, die Farben am Himmel, den Pfau am Straßenrand, die Menschen in den Dörfern, die Menschen im Bus, und ich sah all dieses anders als zuvor. Ich suchte nichts mehr darin. Keine Eindrücke, keine Inspirationen, keine Visionen. Der Vampir in mir war nicht mehr. Dafür war Frieden, tiefer, warmer Frieden, und ich wußte genau, daß der von seinen Händen kam. »*India is a state of mind, India means peace.*«

Und plötzlich, aus diesem Frieden heraus, wiederholte sich das Gespräch mit Ram-Ram. Jeder einzelne Satz, den der Baba gesprochen hatte, tauchte leuchtend wieder in mir auf, und mit jeder dieser kleinen Illuminationen schwebte der fliegende Teppich ein wenig höher hinaus. Du hast mich in Indien ankommen lassen, dachte ich und fühlte eine große kindliche Dankbarkeit zu dem alten Baba, von dem ich immer noch nicht wußte, wer er war. »*Ich bin froh, daß ich kein Mensch bin. Die Menschen leiden zuviel.*«

Noch etwas.

Mirta saß vor mir. Ich sah wieder ihre Schönheit, ihren inneren Glanz. Ich glaube, ich sah ihr Wesen, und ich fühlte frisch und neu die Liebe zu ihr. Doch jetzt wollte ich sie nicht mehr besitzen, ich brauchte ihre Schönheit nicht mehr. Ich legte gutgelaunt meine Hand auf ihre Schulter: »Eine Gold Flake und eine Gold Flake ist dasselbe. Was in dir ist, ist in mir. Wir sind dasselbe.«

So kamen wir herunter von dem heiligen Berg, gereinigt, vereint und mit einer riesigen Lust auf einen Banana-Milchshake.

Ziel

RAGAS

Die Küste hatte uns wieder, die Hitze, die Moskitos. Wir nahmen wieder das blau-rosa gestreifte Hotel in Coondapoor und malten uns vor dem Schlafengehen mit Kalidassas Asche Striche auf die Stirn. Am Morgen schliefen wir miteinander. Es war ganz einfach und wunderschön. Damit hatten wir den Bann gebrochen, die Zeit des *Wassertrinkens* war vorüber, Ströme von Wein flossen von nun an zwischen unseren Schenkeln. Wir gedachten, die Flitterwochen in Ragas zu verbringen, jenem Ort im Hinterland, in den uns die drei frisch getrauten Ehepaare vom heiligen Berg eingeladen hatten. Die Räder ließen wir diesmal bei Narendra, dem Besitzer des Eisenwarengeschäftes. Er hatte eine Tante in Ragas und gab uns ihre Adresse. Wir nahmen den nächsten Bus.

Die Fahrt sollte sechs Stunden dauern. Unser Ziel lag im Shimoga-Bezirk, nicht weit von den Jag Falls, den grandiosesten Wasserfällen Südindiens. Es ging nun wieder richtig in die Berge. Und die Reise erwies sich als nicht sonderlich bequem, denn der Bus war erstens bis auf den letzten Zentimeter besetzt, und zweitens brach er auf halber Strecke zusammen. Der Motor hatte ein Leid und wollte sich nicht mehr erholen. Wir standen mitten in der kargen Landschaft, auf der die Gluthitze des frühen Nachmittages lag. In solchen Dingen kann man die Inder bewundern. Sie lachen einfach nur. Eine halbe Stunde später kam ein anderer ebenfalls überfüllter Bus vorbei. Er nahm die auf der Straße stehende Reisegesellschaft auf. Wir wurden gequetscht, gestoßen und gestapelt, und weil der Fahrer beweisen wollte, daß er auch mit einer Ladung von hundertzwanzig Menschen kein Schlagloch zu scheuen brauchte, ging es die restlichen zwei Stunden im Grunde genommen ums Überleben.

Honeymoon in India

Ragas war ein kleiner und touristenmäßig glücklicherweise absolut unbedeutender Marktflecken in der Provinz. Man wird die Stadt in keinem Reiseführer finden, und auch ich überlege mir, ihren Namen zu verändern, weil es eine Schande wäre, diesen Ort zu versauen. Ragas ist so billig, daß man hier mit 500 DM drei Monate gut leben kann, und die Gastfreundlichkeit der Menschen ist groß und herzlich. Als wir kamen, kannten wir drei Ehepaare, als wir gingen, kannten wir fast die ganze Stadt. Jeden Tag wurden wir von einer anderen Familie zum Essen eingeladen, man riß sich um unsere Bekanntschaft, wir waren das Stadtgespräch, die Attraktion des Jahrzehnts. Als wir einmal in dem Haus des reichsten Coffeeshop-Besitzers gespeist hatten, erfuhren wir am darauffolgenden Tag, daß sich dessen Mutter zwar über alle Maßen unseres guten Appetits gefreut habe, nur eine Sache bereite ihr nun Sorgen. Sie verstehe nicht, warum Mirta sich nach dem Essen keine Zigarette angezündet habe. Als wir davon hörten, waren wir echt gerührt.

In Ragas, wo das Leben noch immer in den alten Traditionen dahinfließt, rauchen die Frauen nicht. Weder öffentlich noch privat. Darum hatte sich Mirta die Gold Flake nach dem Mahl verkniffen. Sie hatte die Gastgeber nicht in Verlegenheit bringen wollen. *»Die alte Frau wird es nicht gut finden, wenn ich rauche.«* Und nun hörten wir von dem Coffeeshop-Besitzer, daß seine Mutter sich deswegen große Sorgen machte. Die ganze Stadt wußte, daß die Fremde rauchte. Warum tat sie es dann nicht in ihrem Haus? Hat sie sich nicht wohl gefühlt? War das Essen nicht gut genug? Hätte man besser vorher Zigaretten kaufen und den Gästen anbieten sollen?

Unsere besten Freunde waren Mohini und Krishna Murti, eines der jungen Ehepaare vom heiligen Berg. Ein einziger kleiner Raum in dem ersten Stockwerk einer Betelnußkooperative diente ihnen als Wohnung. Krishna Murti arbeitete für die Kooperative als Buchhalter, er verdiente 500 Rupien im Monat, also 125 DM. Nicht gerade viel Geld, aber in Ragas reichte das. Die beiden gehörten der Brahmanenkaste an, sie hatten feine Gesichter, schöne Augen und viel Liebe füreinander. Was immer ich bis dahin über das Verhältnis von Mann und Frau in Indien gehört hatte, über die Unterdrückung der Frau, über Witwenverbrennung, über Schläge in der Nacht, auf Krishna Murti und Mohini traf das nicht zu. Sie lebten tief in den alten Traditionen, und sie waren glücklich. Mohini erzählte uns einmal die Geschichte ihrer Heirat.

Da ihre Eltern nicht mehr lebten, hatte der älteste Bruder die Aufgabe übernommen, sie zu verheiraten. Eines Tages kam er also zu ihr und sagte: »Schwester, ich habe einen Ehemann für dich gefunden. Er ist nicht reich, aber er ist ein guter Mann. Er wird dich lieben. Sieh ihn dir an, und laß dir gesagt sein, daß du ihn nicht nehmen mußt, wenn du nicht willst.« Die beiden trafen sich, und sie mochten einander auf Anhieb.

So wurden sie von ihren Familien verheiratet. Sie hatten sich nicht selber ausgesucht, sie waren nicht verliebt, sie gehorchten den Brüdern und Vätern, aber die Liebe kam bald zu ihnen ins Haus. Wenn Mohini zu uns von ihrem Mann sprach, dann tat sie es mit großer Zärtlichkeit. Er arbeitete viel, er half ihr beim Zubereiten der Mahlzeiten, er würde sie nie schlagen, er wird sie nie verlassen. Er ist ein guter Mann.

RAMA KRISHNA HOTEL

Die erste Nacht in Ragas verbrachten wir unter dem Dach der Betelnußkooperative. Mohini hatte uns mit dem Einverständnis des Direktors im Konferenzraum ein Bett gerichtet. Tags darauf zogen wir in das »Rama Krishna Hotel«, und was Besseres für unseren *honeymoon* konnte es nicht geben. Das Etablissement hatte einen stillen Innenhof, mit Rosenbüschen und Mandelbäumen, es hatte einen Brunnen, an dem wir unsere Wäsche wuschen, und es hatte einen Speisesaal zum Träumen. Seine Wände waren Holzgittergeflechte, und wenn ich in diesem Restaurant saß und sah, wie das Licht durch das blaugestrichene Lattennetz auf die Marmortische floß, wollte ich nur noch Gedichte schreiben.

Nach unserem ersten Frühstück schrieb ich eine Karte an meinen Astrologenfreund Gandhi. Es war ein Rätsel, das ich ihm aufgab, und ich war neugierig, ob er es knacken würde.

Wir gingen den Pfad
der schlechten Gedanken
hinauf zum heiligen Berg.
Der Diener Kalis
gab uns Asche aus seinem Feuer,
und Ram-Ram den Segen seiner Hände,
und Wasser wandelte sich in Wein.

Unser Zimmer war das beste des Hotels. Es lag am Ende einer langen, schmalen Veranda, es war groß und sauber und hatte zwei Betten, die sich leicht zu einem geräumigen Doppelbett vereinen ließen. Durch das Fenster schickte uns jeden Morgen der junge bärtige Hotelchef eine geile Saxophonmischung aus Free Jazz, Zen und indischer Klassik in den Raum, und er sagte mir später, daß es sich dabei um die Musik der Schlangenbeschwörer handele. Die Schlange repräsentiert in der indischen Mythologie die sexuelle Energie, und das paßte. Zum Auftakt der Flitterwochen schrieb ich in dem Licht des blauen Gitternetzes ein Märchen für meine Braut, und es hat ihr sehr gefallen. Es handelte sich um ein leicht anrüchiges Prosawerk mit der Überschrift:

Das Mädchen und die Perle

Es war einmal ein Mädchen, in deren Möse eine Perle ruhte. Eine selten schöne, versteckte Perle war es, und sie lag in einer Falte des Muttermundes, seitdem dieses Mädchen lebte. Das Mädchen wußte nichts von seinem Schatz, hatte ihn nie gesehen, nie gefühlt. Aber geahnt hat sie oft, daß etwas in ihr ist. Etwas Wundersames, Strahlendes, das ihrem Wesen einen geheimnisvollen Glanz verlieh, ein Mysterium, das jeder, der dem Mädchen nahe kam, fühlte. Hauptsächlich waren es natürlich die Männer, die in den Bann ihrer Ausstrahlung gerieten. Alle Arten von Männer. Dicke Männer, dünne Männer, reiche, kluge und sensible Männer. Künstler verliebten sich in sie, Handwerker, Abenteurer, Fotografen, Arbeitslose. Aber für sie alle wurde der Kontakt zu dem Mädchen eine schmerzhafte Erfahrung. Sie verfielen dem Zauber dieses unsichtbaren Lichtes, sie alle tranken es mit ihrer Seele und wurden süchtig.

Das Mädchen blieb bei keinem. Sie hatte eine fast schon körperliche Abneigung gegen die Fesseln der Gefühle, und sie floh aus den Armen, die sie umschließen wollten, wie ein schöner Schmetterling, der vor dem Netz der Sammler flüchtet. In der Stadt redete man bald von ihr, wie man von besonders reinem Heroin spricht.

Man schwärmte von ihr und fluchte über sie. Man mied sie und suchte sie doch des Nachts in den Diskotheken und Cafés, in denen sie verkehrte.

Das Mädchen selbst wollte niemandem weh tun, wollte nicht ungerecht und hart sein. Aber sie fühlte sich selbst als das Opfer. Ansprüche wurden an sie gestellt, und Vorwürfe machte man ihr. »Erst gabst du mir deine Liebe, und jetzt einem anderen. Du wechselst deine Liebhaber wie andere ihre Hemden ...« und dergleichen mehr. Das Mädchen verstand das nicht, denn es wußte nichts von der Perle in seiner Möse und dem unsichtbaren Glanz. Sie trug, wie die meisten anderen Mädchen ihres Alters und ihrer Klasse, enganliegende Slips, schwarze vornehmlich, und darüber engsitzende Lederhosen. Deshalb konnte das Licht der Perle nur selten direkt aus ihren Schamlippen auf die Dinge und Wesen der Welt fließen. Das Licht suchte sich andere Wege. Durch den schmalen Schlund ihres Muttermundes hindurch floß es tiefer in ihren Körper hinein. Und das Blut nahm das Licht auf und transportierte es in alle Zellen ihres Körpers, in die Venen und Muskeln, in die Poren ihrer Haut, in ihre Haare, in ihre Augen und natürlich auch auf ihre Lippen.

So gab es Männer, die schwärmten nur noch von der Haut des Mädchens. Wie weich sie sei, wie sanft und doch zugleich elastisch. Andere erzählten ihren Freunden von diesen Augen, in die man stundenlang schauen könne, nein, schauen müsse. Genauso viele dachten an ihren Mund, und einige verfielen sogar dem Klang ihrer Stimme, denn auch in die Stimmbänder floß das Licht der Perle.

Aber was geschah mit denen, die das Glück hatten, mit dem Mädchen zu schlafen? Die in sie eindrangen und die ohne ihr Wissen mit der Spitze ihres Penis die geheime Perle berührten, sie anstießen, immer und immer wieder, und die bei jedem dieser Stöße Glück durch ihre Adern fließen fühlten? Sie alle sagten

danach dasselbe. Ja, wörtlich dasselbe sagten sie, und es war schon ein trauriger Witz, so viele junge Männer dasselbe über ihr Erlebnis mit diesem Mädchen sagen zu hören.
»Ich habe die Frau meines Lebens getroffen.«
Das Mädchen sah das anders. Zwar verliebte auch sie sich hin und wieder. Aber ohne daß sie es verstand, verliebte sie sich in solchen Augenblicken nur in sich selbst.

Sie verliebte sich in die Verzauberung der Männer, die plötzlich Gedichte zu schreiben und Lieder zu singen begannen und in einer Sprache mit ihr redeten, die voller Bilder war. Voller Monde, Sterne, Kristalle und bunter Feuer. Da hinein verliebte sich das Mädchen, aber es war sein eigener Glanz, der aus den Augen und den Worten der Männer auf es selbst zurückfloß. Und so wurde sie immer schöner, immer begehrenswerter und immer einsamer. Denn Einsamkeit ist das Schicksal der Sterne.

Mirta freute sich sehr darüber, aber mit den Tagen und Nächten, die dahinflossen, wurde meine Flitterprosa kürzer und kürzer, was zwei Gründe hatte. Erstens stellte sich immer häufiger die Frage *schreiben oder Liebe machen*, und zweitens wurde ich krank. Auf das letztere hatte ich eigentlich schon lange gewartet, denn eine ordentliche Diarrhö gehört zu jeder Indienreise dazu.

Ich bekam dann ein recht vertrautes Verhältnis zu den beiden Toiletten des »Rama Krishna Hotel«. Man hatte viel Platz in ihnen, nur waren sie ein bißchen weit weg von unserem Zimmer.

Vierzig lange Schritte um den Innenhof herum und dann links hinten in der allerletzten Ecke, da standen die beiden Scheißhäuser. Zwischen 480 und 560 Schritte machte ich nun Nacht für Nacht des Durchfalls wegen, und hin und wieder kam ich zu spät. Dann hatte mich die Diarrhö mitten auf dem Weg niedergestreckt, und es gab viel zu waschen an den Tagen darauf.

Dann kam Gopi.

Gopi war sechzehn Jahre alt und, wie Mirta sagte, »*ein komischer Junge, der gerne Westler nachahmt, sich gerne quält und keine Freunde hat.*« Er war ein Brahmanensohn, sein Vater war tot, seine Mutter war streng. Er ging zur Highschool und sollte einmal Arzt werden. Dabei hätte er lieber so etwas wie Elektrotechnik studiert. Wir lernten ihn auf der Straße kennen. Er sprach uns an, und danach war er unser Schatten. Kein Tag ohne stundenlange Gespräche mit Gopi, der im übrigen durch unsere Bekanntschaft in der Stadt an Ansehen gewann.

Der Junge war politisch ziemlich helle, Indira Gandhi mochte er überhaupt nicht, weil sie, wie er meinte, die Brahmanen knechtete. Das hatte ich bisher noch nicht gehört. Ich wußte nur, daß die Brahmanen jahrhundertelang an der Spitze des Kastensystems standen, man sagte sogar, die Brahmanen hätten die Kasten erfunden, um ihre Vormacht zu sichern. Sie waren die Priester im Land, die Elite, die Gebildeten, die Einflußreichen, die Wohlhabenden. Darüber kann man als europäischer Sozialist wütend werden, aber ich bin mit Brahmanen fast immer besser klargekommen als mit den Angehörigen der unteren Klassen. Die Brahmanen besaßen mehr Feinfühligkeit, sie waren leiser, sie respektierten eher mein hin und wieder sehr starkes Bedürfnis nach Ruhe. Die Hindus der unteren Klassen waren dagegen, was das anging, ziemlich gnadenlos.

Gopi erzählte also, daß es ein Nachteil sei, Brahmane zu sein. In der Schule müsse er doppelt so gute Noten wie ein Nichtbrahmane erarbeiten, um die gleichen Chancen zu erhalten. Die Universitäten erlegten nur den Brahmanen einen Numerus clausus auf, die guten Jobs im öffentlichen Dienst würden Brahmanen nur noch bekommen, wenn sie kräftig dafür bezahlten. »Wenn ich Arzt werden will«, sagte Gopi, »dann muß ich weit über hunderttausend Rupien Bakschisch zahlen.« Bei solchen Gesprächen in den schützenden Mauern unseres Hotelzimmers pflegte Gopi ziemlich viel zu rauchen. Zwar fegten meine filterlosen Gold Flakes jedesmal wie Schneidbrenner durch seine unschuldigen Lungenflügel, und er hustete gottserbärmlich, aber so mußte es sein, denn das war modernes Leben.

Gopi brachte mir dann ein gutes Dutzend älterer Ausgaben des »Deccan Herold« an mein Krankenbett, und im Anzeigenteil dieser großen, in Bangalore herausgegebenen Tageszeitung fand ich die ersten Beispiele für jene besondere und vor allem lehrreiche Art der indischen *daily-lie-lyric*.

Eigentlich hatte ich darin nach den Anzeigen der Tantra-Jogis gesucht, von denen mir Jan berichtet hatte. Jene Schwarz-Magier, die gegen ein gutes Honorar sich anbieten, den werten Nachbarn oder Töchterschänder dermaßen zu verfluchen, daß es ihm das Rückenmark hochkocht. Statt dessen stieß ich im »Deccan Herold« auf die Anzeigenserie eines gewissen Pannalal, der im Textilbusiness tätig war. Seine Anzeigen nahmen jedesmal ein Drittel einer Zeitungsseite ein, waren von daher also nicht zu übersehen. Am Kopf jeder Anzeige hatte er ein hübsches Foto von sich plazieren lassen. Ein etwa 35 Jahre alter Mann blickte den Leser mit demütigen Augen entgegen, die Hände waren zum Gebet erhoben. Das Englisch, dessen er sich bediente, war übrigens unter aller Sau. Ich habe mich bemüht, es wörtlich zu übersetzen, habe es aber nicht ganz hinbekommen, weil sein schlechtes Englisch sich in deutsch eigentlich ganz gut anhört.

Pannalals erste Anzeige im »Deccan Herold« vom 14. 12. 1983

Frage nicht nach den Gründen
für meine wirtschaftlichen Probleme.
Ich will sie nicht vor dem Angesicht
der Regierung aufdecken,
ich falte meine Hände im Gebet vor dir
und beschwöre dich:
Bitte tu nicht nach dem Namen
der Person fragen,
die mein Leben schwierig machte
und wegen der ich alle Ware
meiner Kleiderfabrik verkaufen muß.
Heute verkaufe ich Bekleidungswaren
für so einen billigen Preis,
daß du denkst, ich sei verrückt.

  Heutiger verrückter Kleiderpreis
  Rs. 130,– Herren-T-Shirt
  nur für Rs. 30,–
Nur heute und morgen im »Hotel Rama«

Pannalals zweite Anzeige im »Deccan Herold« vom 20. 12. 1983

DULHAN WAHI SO
PIYA WAN
BHAAYE
SALE WOTTI JO
PANNALAL SAJAAYE

*In meinem Herzen
ist das Motto des Dienens so tief,
daß ich meine Kleider
umsonst abgeben möchte.
Aber unglücklicherweise habe ich
die Näherlöhne zu bezahlen,*

deshalb
  heutige Näherpreise
  Rs. 130,– Herren-T-Shirt
  nur Rs. 30,–
Nur heute und morgen im »Hotel Rama«
Achtung: Suche Verkäuferinnen

Pannalals dritte Anzeige im »Deccan Herold« vom 3. 1. 1984

*Glücklich sind die,
die die Liebe ihrer Eltern haben.
Glücklich sind auch die,
die die Liebe ihrer Frau haben.*

*Aber Euer Pannalal hat weder
die Liebe der Eltern
noch die Liebe einer Frau.
Pannalal ist glücklich,
weil er die Liebe seiner Kunden hat.*

  Heutige Liebespreise
  Rs. 130,– Herren-T-Shirt
  nur Rs. 30,–
Nur heute und morgen im »Hotel Rama«

Achtung: Suche Verkäuferin
Achtung: Arm und reich ist willkommen

Anzeige der Firma S. K. Arora (ein Konkurrent) im »Deccan Herold« vom 6. 1. 1984

Niemand kann uns zum Narren halten,
indem er dauernd falsche Versprechungen macht.
Heute braucht die Nation
Hingabe und Opferbereitschaft.
Ich verkaufe deshalb heute in Bangalore
meine Waren so billig,
wie niemand zuvor seine Waren verkauft hat.
Selbst mir wird es nicht möglich sein,
meine Waren für so einen niedrigen Preis
in der Zukunft wieder zu verkaufen.
Es ist mein Opfer für die
Menschen von Karnataka.
Kommt und seht selbst.
   Meine heutigen Opferpreise
   Rs. 170,– Herren-T-Shirt
   nur Rs. 30,–

Pannalals Antwort im »Deccan Herold« vom 11. 1. 1984

Ich bin ein Sohn
des unabhängigen Indiens!
Dieser Körper ist mein,
diese Seele gehört mir,
dieser Kleiderverkauf

ist mein Geschäft!
Niemand kann mich stoppen,
meine Waren zu den billigsten Preisen
zu verkaufen!
   Heutige Unabhängigkeitspreise
   Rs. 130,– Herren-T-Shirt
   nur Rs. 30,–

Antwort des Konkurrenten S. K. Arora im »Deccan Herold« vom 14. 1. 1984

Wenn Gott die Gnade hat,
mich noch ein paar Tage länger
leben zu lassen,
dann verspreche ich bei Gott,
daß ich meine Kleider so billig
verkaufen werde,
daß Pannalal sich ernsthaft Sorgen
um die Zukunft machen muß.
Sie sind willkommen, um zu richten,
was Wahrheit und was Lüge ist.
   Heutige Preise
   Rs. 185,– Herren-T-Shirt
   nur Rs. 30,–

Pannalals Antwort im »Deccan Herold« vom 18. 1. 1984

Pannalal wurde gesagt,

er solle sich Sorgen

um die Zukunft machen.

Deshalb verkündet Pannalal

hier seinen letzten Wunsch.

*Mein letzter Wunsch ist es,
niemand zu betrügen
oder unehrenhaft zu handeln
oder ein Schwarzmarkthändler zu sein.*

*Er will ein wahrer Patriot sein
und der Nation dienen.*
   *Heutige patriotische Preise
   Rs. 130,– Herren-T-Shirt
   nur Rs. 30,–*

Ansonsten war die Zeitung Tag für Tag voll mit Nachrichten über den merkwürdigsten Bürgerkrieg, über den ich je gelesen hatte. Es ging um einen Schauspieler. Raj Kumar hieß er, und ein paar Tamilen hatten ihn mit Steinen beworfen. Deshalb gab es nun in Bangalore pro Woche etwa zehn Tote. Ich blickte zwar nicht so richtig durch, aber Gopi erklärte mir die Hintergründe der Unruhen genauestens. Bevor man von Raj Kumar spricht, muß man nämlich einiges über die indische Filmwirtschaft sagen.

In Indien werden drei Arten von Filmen gezeigt. Die internationalen, die nationalen und die regionalen. Die internationalen Streifen (*James Bond, Charly Chaplin, Krieg der Sterne*) laufen hauptsächlich in den Großstädten, weil da die Leute leben, die englisch sprechen und dem *American way of life* verfallen sind. Die nationalen, in Bombay produzierten Filme werden dagegen in Hindi gedreht. Das ist die Sprache, die eigentlich alle Inder verstehen sollten. Die Regierung subventioniert diese Filme, da sie sehr daran interessiert ist, Hindi zu beleben. Das gehört zu ihrem Kampf gegen die separatistischen Bewegungen der einzelnen indischen Regionalstaaten. Es sind ja nicht nur die Sikhs, die ihr Punjap für sich haben wollen. Unten in Kerala geht es ähnlich los, in Kaschmir, wohin man schaut. Indira Gandhi hatte das schon ganz richtig gesehen. Eine Nation braucht eine Sprache.

Aber Indien ist keine Nation. Indien ist ein Irrenhaus. Es existieren auf diesem Subkontinent Hunderte verschiedener Dialekte und vierzehn Hauptsprachen. In Karnataka sprechen sie *Kannada*, in Kerala sprechen sie *Malayalam*, in Tamil Nadu sprechen sie *Tamili*, in Andhra Pradesh sprechen sie *Telugu*, in Goa sprechen sie *Konkani*. Diese Dialekte haben miteinander in etwa soviel gemeinsam wie *Finnisch* und *Spanisch*, und wenn einer aus Karnataka seine Tante in Kerala besucht, dann wird er kein Wort mehr verstehen, es sei denn, man beherrscht *Englisch* oder *Hindi*. Die einfachen Bauern und Fischer in den unzähligen Dörfern der Provinzen verstehen ausschließlich ihre speziellen Dialekte. Aber ins Kino gehen wollen sie alle. Darum macht man Filme in ihren Sprachen, und das ist die dritte, die regionale Art von indischem Kino. Jeder Bundesstaat hat eine eigene Filmproduktion, jede Region hat ihre eigenen Stars. Der absolute Superstar in Karnataka ist Raj Kumar. Weil der in seinen Filmen meistens Halbgötter verkörpert und weil das einfache Volk zwischen Kino und Wirklichkeit nicht unterscheidet, wird Raj Kumar gleichzeitig wie ein Heiliger verehrt. Diesen Mann haben nun die Inder aus dem angrenzenden Bundesstaat Tamil Nadu mit Steinen beworfen.

Karnataka und Tamil Nadu waren schon immer feindliche Nachbarn. Das geht weit in die Geschichte zurück, in die Jahrhunderte, in denen sich die Königreiche Madurai und Mysore bekriegten. In der heutigen Zeit leben allerdings viele Tamilen in Karnataka, vornehmlich in der Hauptstadt Bangalore, und ebenso haben sich viele Inder aus Karnataka in Tamil Nadu niedergelassen, hier hauptsächlich in Madras. Aus diesem Grund laufen in den Kinos in Tamil Nadu auch eine große Anzahl von Filmen, die in Karnataka produziert wurden, und umgekehrt. Das ging lange Jahre gut.

Jetzt aber hatte die tamilische Regierung aus irgendeinem Grund verfügt, daß in ihrem Staat nur noch dreißig Prozent aller gezeigten Filme in der Sprache des Nachbarstaates sein dürfen. Die Regierung Karnatakas beantwortete diesen ungeheuren Affront gegen ihre im *Ausland* lebenden Bürger mit einem Erlaß, daß in Karnataka nur noch zehn Prozent aller gezeigten Filme aus Tamil Nadu stammen dürfen. Deshalb bewarfen also einige aufgebrachte Tamilen den Superstar Raj Kumar aus Karnataka mit Steinen. Dessen Fans schrien nach Rache und steckten kurzerhand in Bangalore sämtliche Kinos in Brand, die Tamil-Filme zeigten. Nun schrien die in Bangalore lebenden Tamilen nach Rache und schlugen ein paar der Brandstifter tot. Die Familien und Freunde der Brandstifter schlugen darum ein paar Tamilen tot. Die Polizei griff ein und schlug auf einer Wache einen der Totschläger tot. Weil der aber zufällig ein Moslem gewesen ist, schrien die Muselmänner nach Rache und schlugen am kommenden Tag ein paar Hindus tot. Die Hindus wiederum schlugen dann ein paar Moslems tot, während die Fans von Raj Kumar weiterhin die Tamilen totschlugen, und umgekehrt.

Das waren die täglichen Meldungen des »Deccan Herold« und dazwischen annoncierte Pannalal, daß es sein letzter Wunsch sei, kein Schwarzmarkthändler genannt zu werden.

In Ragas war von alldem allerdings nichts zu spüren. Ragas lag knapp 500 Kilometer von Bangalore entfernt. Für die meisten

Einwohner dieses Städtchens war die Hauptstadt ihres Bundesstaates ähnlich unerreichbar wie Peking für den durchschnittlichen Deutschen, und nur so helle Jungs wie Gopi Krishna wußten, was in der großen Welt vor sich ging. Der Rest der Leute hier hatte wichtigere Dinge zu tun.

Man war nämlich gerade damit beschäftigt, ein Fest vorzubereiten. Ein großes religiöses Festival, das nur alle drei Jahre einmal stattfindet. Daß Mirta und ich ausgerechnet eine Woche vor Beginn dieser Feierlichkeiten nach Ragas gekommen waren, erwies sich als ein großes Glück, denn so erlebten wir die Stadt in einem absolut sauberen Zustand. An jeder Ecke wurde geputzt, gewaschen, gefegt und aufgeräumt. Die Straßen waren sauber, die Tische in den Chaihäusern waren sauber, die Hotelbetten waren sauber, die Toiletten waren sauber, die paar Autos, die hier herumfuhren, waren sauber, die Fahrräder waren sauber, alles, aber auch alles war sauber. Gopi erklärte uns den Grund.

Die Göttin, für die man dieses Fest abhielt, war die *Göttin der Pocken*, und die wurde immer unheimlich wütend, wenn auf ihrer Party Dreck rumlag.

Also, alle drei Jahre wurde geputzt, und auch die kleinen Jungen vom »Rama Krishna Hotel« mußten ran. Allerdings hatten sie viel Spaß dabei. Sie überschwemmten das Restaurant mit Brunnenwasser, spritzten sich und die Gäste naß, und das Lachen wollte kein Ende nehmen.

Nach drei Tagen Durchfall hatte auch ich die innere Reinigung hinter mir, der Darm schloß sich, und wir begannen auf ein neues, die Stadt zu erkunden. Zunächst einmal wollte ich mich rasieren lassen. Der Barbier, den ich gleich nach unserer Ankunft aufgesucht hatte, war zwar enorm billig gewesen, aber sein Gesicht hatte mir nicht gefallen. Deshalb suchte ich einen neuen. Und ich fand ihn; den besten aller indischen Barbiere, einen Mann mit Stil und Witz, einen Meister der sanften Rasur. Er hatte seinen Laden am Marktplatz, direkt gegenüber der rotgesichtigen Pockengöttin, die in einem Tempel auf ihren großen Tag wartete. Den Barbier interessierte das wenig, denn er war ein Sohn Allahs, ein moslemischer Rajestani, den das *Kismet* nach Südindien verschlagen hatte. Ein intelligenter, liebenswerter Mann, der mich sofort zu bescheißen versuchte.

Er nahm wahrscheinlich an, daß alle Weißen dämlich sind, und wollte für die Rasur zwei Rupien kassieren. Ich mußte darüber herzlich lachen, und er ging ebenfalls lachend auf eine Rupie runter. Dann fragte ich ihn, wo er seine Kleider gekauft habe. Er trug diesen traditionellen indischen Straßenanzug. Eine weite weiße Hose, darüber ein langes Hemd. So liefen die meisten der älteren Inder herum, der Anzug meines Barbiers aber hatte einen Hauch von lässiger Eleganz. Er verstand nicht sogleich, aber da war ein kleiner Junge mit großen hellen Augen, und das war sein Sohn, und der sprach englisch. Nachdem die Sache geklärt war, befahl ihm sein Vater, uns zu seinem Schneider zu begleiten.

Fünf Minuten später saß ich bei dem Schneider des Barbiers und ließ mir Stoffe zeigen. Ich entschied mich für ein rosafarbenes Baumwolltuch, was mich etwa 60 Rupien kostete. Das Nähen sollte noch einmal 20 Rupien kosten. Die Hälfte der Summe sofort, die andere Hälfte morgen, wenn der Anzug fertig sei. Der Schneider war eher verschüchtert als geschäftstüchtig. Einen Weißen hatte er offensichtlich noch nie in seinem Laden gehabt.

Ich ging dann wieder zu dem Barbier zurück und sagte ihm ein herzliches Dankeschön, woraufhin er mir seine Familie vorstellte. Vier Söhne (einen von denen kannte ich ja bereits), vier Töchter und seine zierliche Frau. Diese Frau blieb immer ein wenig im Schatten sitzen, so als hätte sie etwas zu verbergen, und das, was sie zu verbergen hatte, sah ich dann trotzdem ziemlich schnell. Sie war schön. Zu schön für fremde Männer.

Der Barbier war auch schön. Sein Gesicht war edel und ernst. Er machte viele Späße, aber irgendwie blieb dieses Gesicht dabei immer edel und ernst. Auf der Brust trug er einen goldenen Halbmond. Ich habe den Mann sehr gemocht und respektiert. Die Kinder waren so schön, stolz und ernst wie ihre Eltern. Nur bekam man sie niemals alle gleichzeitig auf ein Foto.

Bei diesem Barbier verspürte ich plötzlich die Lust, mir endlich einmal die Haare schneiden zu lassen. Darum hatte mich meine Mutter seit vierzehn Jahren gebeten. Außerdem befand ich mich am Ende einer Krankheit, und ich dachte, es sei eine gute Idee, mal wieder ganz anders auszusehen. Ich überlegte mir das zwei Tage lang, dann ging ich zu ihm und sagte: »*Please, Baba, cut my hair.*« Und um ihm zu zeigen, wie ich es haben wollte, zeigte ich auf seinen Kopf. »*Like yours.*«

Natürlich machte er sich einen Spaß daraus. In seinem Laden waren außer Mirta und mir noch drei weitere Kunden sowie die zwei von ihm angestellten Barbiere. Dazu gesellten sich noch sein Bruder und drei seiner Kinder. Ein ausreichendes Publikum.

Zunächst einmal zeigte er sich darüber erstaunt, daß jemand an seiner Frisur Gefallen fand. Mit ungläubigen Gebärden betrachtete er sich in einem der vielen Spiegel, die ringsherum an den Wänden hingen, bis er dann selbst Gefallen an seinem Anblick fand, und dann gebot er mir, Platz zu nehmen. Vorsichtshalber aber maß er noch einmal mit Daumen und Zeigefinger die Länge ab, um die er meine Haare zu kürzen gedachte. Fünf Zentimeter? Sieben Zentimeter? Ich sagte wieder: »*Like yours*«, und er sagte: »*Ah, Indian style*«, und dann verpaßte er mir einen absolut geilen Fünfziger-Jahre-Haarschnitt, mit dem ich plötzlich so aussah wie diese Schauspieler, die in den Hemingway-Verfilmungen immer den Reiseschriftsteller verkörperten.

Mirta hatte mir zu Beginn unserer Reise eine Wimper an den Daumen gedrückt und gesagt: »*Du darfst dir drei Dinge wünschen. Wenn die Wimper an deinem Daumen haften bleibt, gehen die Wünsche in Erfüllung.*« Ich hatte das Spiel auf dem Boot nach Goa gewonnen. Der erste Wunsch war bereits auf dem heiligen Berg in Erfüllung gegangen. Der Bann zwischen ihr und mir war gebrochen. Als zweites hatte ich mir gewünscht, ein gutes Buch zu schreiben. Ob sich dieser Wunsch erfüllt hat, weiß ich bis heute noch nicht. Aber als ich aus dem Laden des Barbiers auf die von Sonnenlicht und Geschäftigkeit überflutete Straße trat, sah ich wenigstens so aus wie einer, der ein gutes Buch schreibt. Nun war nur noch der letzte und dritte Wunsch offen. Ich hatte ihn nie vergessen, aber er kam eben zuletzt. Ich suchte einen Palast. Und ich dachte, es sei an der Zeit, ihn zu finden.

Aber erst einmal wollte ich mit meiner Braut ins Kino gehen. Wir hatten nämlich von Gopi erfahren, daß ein neuer Film mit Raj Kumar in die Stadt kommen würde. Natürlich interessierte es mich, was das für Filme sind, derentwegen die Inder Bürgerkriege anzetteln. Und als der Film anlief und ich erfuhr, daß er die Lebensgeschichte eines berühmten südindischen Dichters namens *Kalidassa* zum Inhalt hatte, da saß ich schon neben Mirta und Gopi im Kino.

HISTORY MOVIE

Es war ein sehr großes Kino, und der Mann, der uns die Karten abgerissen hatte, sah etwa so aus wie Anthony Quinn als »Der Glöckner von Notre Dame«.

Bevor der historische Film begann, gab's Werbung. Allein dafür hatte sich das Eintrittsgeld gelohnt. Gutgeschminkte Hausfrauen in prachtvollen Saris priesen eine Schnellsuppe von Maggi an und solche Dinge mehr. Dann schlug das Gesundheitsministerium zu. Es ging um Sauberkeit in der indischen Küche, und dieser Film zeigte andere Dinge als die Maggi-Damen von vorhin. Ratten, Kakerlaken, Würmer, Käfer und Ameisen rasten einträchtig über die Chapattis, die in den Pfannen brutzelten, und es wunderte mich nicht, daß man die Leute, die das aßen, anschließend mit Magenkrämpfen im Krankenhaus wiedersah. Der Hauptfilm begann gut zwanzig Minuten später, und er sollte satte drei Stunden dauern. Das Volk wolle schließlich, so Gopi, was für die fünf Rupien Eintrittsgeld sehen. Egal was, Hauptsache lang. Die erste Stunde des *history movie* handelte davon, wie aus einem absolut schwachsinnigen Schafshirten der berühmte Kalidassa wurde. Eine ziemlich verwickelte Wandlung, die nur ein indischer Drehbuchschreiber sich ausdenken kann.

Eine wunderschöne Prinzessin soll heiraten. Ihr Vater, der König, ist der Meinung, daß es dringend an der Zeit für sie sei, denn mit ihren vierzehn Jahren habe sie das heiratsfähige Alter überschritten. Aber das Mädel will nicht. Einen Prinzen nach dem anderen läßt sie abblitzen. Dann gibt es da noch einen alten Minister am Königshof. Einen Intriganten übelster Sorte, der die Not des Herrschers für seine eigenen dunklen Zwecke auszunutzen gedenkt.

Wenn die Prinzessin partout keinen Prinzen wolle, flüstert er dem König ins Ohr, *dann solle man es doch mal mit einem Ministersohn versuchen. Zufällig habe er einen ganz prächtigen an der Hand. Seinen eigenen nämlich.*

Der König gerät außer sich vor Wut, denn so voll mit Haschisch ist er nun doch noch nicht, und er kanzelt den Minister furchtbar ab. Der wiederum schreit, wie es abzusehen ist, in seiner finsteren Seele nach Rache und brütet einen Plan aus. Wie wäre es, wenn man der Prinzessin einen Idioten als Freier unterschöbe? Irgendeinen von diesen Halbaffen, die zuhauf auf den Straßen des Landes herumlaufen. Man steckt ihn in die Gewänder eines Prinzen, schleppt ihn vor den Königsthron und läßt ihn um die Hand des alternden Mädchens anhalten. Die berechtigte Frage eines jeden denkenden Menschen, warum die Prinzessin ausgerechnet einen solchermaßen getürkten Freier als Gemahl akzeptieren würde, ließen die Filmemacher bis zu diesem Zeitpunkt noch offen.

Der Idiot wird schnell gefunden, Ray Kumar, ein blöde lachender Schafshirte, der sich auf Äste setzt, die er absägen will. Man steckt ihn in fürstliche Kleider und stellt ihn als Prinzen aus dem Himalaja der Prinzessin und ihrem Vater vor.

Es muß spätestens hier erwähnt werden, daß nach etwa jeder vierten Szene die Handlung unterbrochen wird und die Schauspieler plötzlich zu tanzen und zu singen beginnen. Auch das verlangt, laut Gopi, der indische Kinobesucher. Es muß getanzt werden! Bei einem historischen Film wie »Kalidassa« paßt das ja noch irgendwie, aber später habe ich mal einen richtigen indischen »Problem«-Film gesehen, in dem es um arbeitslose Akademiker in Neu-Delhi ging. Vier sozialkritische Szenen aus den Slums von Delhi und dann, rums, wurde wieder getanzt, und zwar in Kaschmir, zur Apfelblüte.

Doch zurück zu »Kalidassa«.

Der Prinzessin fällt es natürlich ins Auge, daß der neue Freier nicht alle beisammen hat. Entweder sitzt er völlig verängstigt auf seinem Stuhl, oder er springt hoch und will laut schreiend aus dem Saal hüpfen (woran ihn die Minister zu hindern wissen), oder er bricht in dummes Gelächter aus. Aber das Mädchen glaubt, daß der Mann sich absichtlich verstelle, und das gefällt ihm. Sie willigt in die Heirat ein.

In der Hochzeitsnacht kommt das böse Erwachen. Ihr Gatte besteht nämlich darauf, auf dem Boden zu schlafen, und er sagt auch, warum. Das mache er immer so, draußen auf der Weide, bei seinen lieben Schafen, die er furchtbar vermisse, und im Laufe der nun folgenden Diskussion (der Gatte hüpft dabei ständig durch das Schlafgemach) dämmert es der Prinzessin, daß sie ganz im Ernst einen Idioten geheiratet hat und diesem Schwachkopf gemäß der indischen Tradition bis an ihr Ende dienen muß, weil es eine Ehescheidung im alten Indien noch nicht gibt.

Völlig verzweifelt rennt sie nun in ihren Privattempel und fleht mit herzzerreißendem Gesang die Göttin Kali um Hilfe an. Tatsächlich erbarmt sich Kali ob soviel Herzensleid und greift in das Geschehen ein. Zunächst einmal schenkt sie der weinenden Prinzessin auf der Stelle einen tiefen Schlaf. Dann beschäftigt sie sich mit dem ängstlich im Hintergrund bibbernden Schafskopf.

Nun folgt eine ganze Reihe von special effects.

Zunächst scheint es, als seien die Augen der Götterstatue lebendig geworden. Des weiteren entsteht ein blaues Licht auf der Mitte ihrer Stirn, und dieses Licht bündelt sich zu einem blauen Laserstrahl, der durch den Raum schießt und den blöden Hirten zwischen die Augen trifft. Dieser fährt zusammen, als hätte ihn ein Elefant getreten, und im nächsten Moment verändert sich sein Gesicht, ganz ähnlich wie bei Dr. Jekill and Mr. Hyde, nur eben umgekehrt. Man sieht es in seinen Augen. Wo eben noch dumpfe Schafesliebe brütete, funkelt nun Intelligenz, Talent, Ge-

nius. Damit aber sind die special effects noch nicht vorbei. Die Erleuchtung nimmt ihren indisch breit angelegten Lauf. Unser Mann, wir wollen ihn nun nicht mehr Hirte nennen, sieht die Göttin in immer wechselnden Haltungen, wechselnden Kostümen, wechselnden Hautfarben und wechselnden Stellungen vor sich. Mal sitzt sie auf einem Tiger, mal auf einem Kanapee. Mal spielt sie vierhändig Sitar, mal tut sie gar nichts, und immer lächelt sie. Unser Mann desgleichen. Verzückt beginnt er nun, zu singen und aus dem Stegreif brillante Verse zu schmieden. Das dauert schätzungsweise zehn Minuten, dann ist auch dem letzten Kinobesucher klar, daß aus dem blöden Schafhirten der große Dichter geworden ist. Kalidassa, »der Diener Kalis«.

Hinterhältigerweise aber verliert Kalidassa mit dem Eintritt in das Dichterleben jegliche Erinnerung an das, was vorher gewesen ist. Er weiß nichts mehr von den Schafen, nichts mehr von der Heirat, nichts mehr von der Braut. Er dreht sich um und geht singend und dichtend seines Weges.

Als die Prinzessin erwacht, findet sie ihren Gemahl nicht mehr. Eigentlich müßte sie sich darüber freuen, aber Regisseur und Göttin haben ihr gemeinsam eine plötzlich einsetzende und vor allem verzehrende Liebe zum Gatten in die Seele gedrückt, und sie jammert tagelang durch den Palast. Alle sind untröstlich, bis auf den alten Minister, der diese spezielle Wendung zwar nicht vorausgesehen hat, sie aber auch ganz schön gemein findet, und bald schon reitet die Prinzessin auf einem weißen Pferd davon, um ihren Mann zu suchen. Damit verläßt sie für gut eine Stunde den Film, und andere Irrungen nehmen ihren Lauf.

Wir sehen erneut den König inmitten seiner Minister, Ratgeber und Hofdichter im Thronsaal sitzen, als plötzlich ein trommelschlagender Tantra-Jogi den Saal betritt und mit mächtiger Stimme kundtut, daß er nun ein Rätsel zum besten zu geben gedenke. Ein heiliges Rätsel, den geheimen Schriften der Erleuchteten entnommen, und er wolle doch mal sehen, ob an diesem Hofe irgendeiner sitze, der weise genug sei, dieses Rätsel zu lösen. Natürlich schafft es keiner, das Rätsel ist sauschwer, und der König sieht sich schon bis auf die Knochen blamiert. Aber da tritt plötzlich unser Held, der verschollene Kalidassa, durch die Tür. Die rechte Hand an die Brust gelegt, die linke (unreine!) weit geöffnet von sich gestreckt, singt er mit seiner wundervoll klaren, sinnlichen und von Glückseligkeit durchbauchten Stimme etwas Selbstgedichtetes. Niemand erkennt in diesem erhabenen Sänger den idiotischen Schafhirten wieder, und weil er so hübsch gesungen hat, fragt der König ihn auch gleich, ob er sich in der Lage sähe, das schwierige Rätsel des Dschungel-Sadhu zu lösen. Nur frei heraus damit, meint Kalidassa, der Sadhu schlägt erneut heftig seine Trommel und schreit mit tiefer Stimme das Rätsel in den Raum. Kalidassa überlegt knapp zwei Sekunden, dann lächelt er und singt die Antwort.

Von da an ist er der oberste Hofdichter des Königs, genießt alle nur denkbaren Privilegien und nutzt seinen Genius in der Hauptsache dafür, Liebesbriefe an die verschiedensten Kurtisanen des Hofes zu dichten. Eines Tages aber kommt die Prinzessin in den Film zurück. Verkleidet allerdings, weil sie ja versprochen hatte, ohne den Gatten niemals wieder aufzutauchen. Sie stößt alsbald auf Kalidassa, der sie zwar nicht erkennt, aber sofort anmacht. Auch die Prinzessin erkennt ihren Gemahl nicht mehr und weist ihn ab. Damit verschwindet sie schon wieder aus dem Geschehen. Kaum ist das Mädchen verschwunden, fällt es Kalidassa wie Schuppen von den Augen. Er weiß plötzlich, wer dieses Mädchen ist, und damit fällt ihm alles wieder ein. Sein Leben als Schäfer und Idiot, seine Erleuchtung durch Kali, die Heirat und all das. Und er schließt die Augen, öffnet beide Hände, hebt sie bebend vor die Brust und sagt: »Mann, das wäre doch endlich mal ein Thema, über das sich zu schreiben lohnt: das große Vergessen.«

Die erste Hälfte des Films haben wir hinter uns, und nun offenbart der Drehbuchautor sein ganzes Talent. Wie er nämlich seinen Schmus (nichts anderes ist die Handlung bisher gewesen) mit der großen alten Sanskritliteratur verbindet, das ist schon bemerkenswert. Denn jetzt kommt der Film im Film, das Werk also, das den Dichter Kalidassa so berühmt gemacht hat.

SHAKUNDALA
Ein Epos, das »das große Vergessen« zum Inhalt hat.

Wir sind in einer anderen Zeit, in einer anderen Geschichte. Wir sehen Kalidassa in den Kleidern eines Prinzen auf einem Streitwagen stehen. Mit gespanntem Bogen sehen wir ihn, vier feurige Rosse hat er im Gespann, und sein Blick ist kühn. Unser Held ist auf der Jagd.

Plötzlich stellen sich ihm zwei wütende Dschungel-Sadhus in den Weg. »Der Wald ist heilig!« schreien sie ihn an. »Hier darf niemand ungestraft jagen, auch ein Prinz nicht.«

Aus ihren flammenden Augen blitzen Flüche auf. Eine unangenehme Situation.

Der Prinz sieht sofort seinen Fehler ein. Aus Unwissenheit habe er es getan, es tue ihm leid. Das besänftigt die Hüter des heiligen Waldes, die Spannung lockert sich.

»Macht nichts«, sagen die Sadhus, »das passiert jedem mal. So was kann man schon wieder einrenken.«

Erfreut gibt der Prinz daraufhin zu verstehen, daß er durchaus zu einem Opfer bereit sei, worauf die korrupten Mönche ihm endgültig den Weg frei machen. »Wenn wir mal einen neuen Aschram brauchen, kommen wir vorbei!«, rufen sie lachend, und damit sind wir in einem neuen Szenenbild.

Wir sehen drei hübsche Frauen auf einer Wiese. Quellwasser murmelt sanft, und die schönste der drei läßt von Anfang an kei-

nen Zweifel daran, daß sie es ist, um die sich alles dreht. Shakundala ist ihr Name, sie trägt einen Krug auf der Hüfte. Plötzlich aber Panik, Getobe, Geschrei, Gefahr. Eine tennisballgroße Biene schwirrt um Shakundalas Kopf herum, sie versucht schreiend zu flüchten, was natürlich nicht gelingen kann, und haargenau in dem Augenblick, in dem die Monsterbiene zum Stich ansetzen will, rauscht der Arm von unserem Prinzen durch das Bild, und der nächste Szenenwechsel ist da.

Der Prinz und Shakundala sind nun ganz allein auf der Wiese. Die beiden anderen Frauen sind verschwunden, ebenso die Biene. Der Prinz hält Shakundala in seinen Armen. Sie ist vor Angst und Schrecken immer noch so gut wie blind, aber da öffnet sie ihre Augen, und sie trifft seinen Blick, und sie fließt in ihn, und er in sie.

Romantische Tanz- und Gesangseinlage.
Dann aber wird es kritisch. Die beiden haben gestreng nach des Dichters Vorlage nun den Koitus zu vollziehen. Der Regisseur löst das Problem, indem er das Paar hinter einen Busch legt und dann aus respektvoller Entfernung den Busch filmt, dessen Blätter sich leicht bewegen. Ein paar Einstellungen später schenkt der Prinz seiner Braut einen kostbaren Siegelring, das Versprechen der Heirat somit, dann trennen sie sich, und dann liegt Shakundala allein auf der Wiese, sanft brubbelt das Quellwasser, und das Böse betritt in Form eines großen, gefürchteten Schwarz-Magiers die Szene und den Film.

Der Schwarz-Magier ist ein älterer, griesgrämig dreinschauender Mönch, der von dem dummen Mädchen da einen respektvollen Gruß erwartet. Das dumme Mädchen aber sieht den Magier überhaupt nicht, es träumt von seinem Bräutigam. Das haben die Filmemacher sehr schön gelöst. Wie in den Comicstrips haben sie ihr eine durchsichtig schimmernde Blase vor den Kopf gesetzt, *und in dieser Blase sehen wir das Gesicht des Prinzen, der ebenfalls einer kleinen Blase hinterherzuträumen scheint.*

Der Magier ist über die Mißachtung seiner Person in etwa so erzürnt, wie die Hüter des Waldes es waren, bevor ihnen der Prinz ein Bakschisch in Aussicht gestellt hatte. Den Alten aber interessiert Geld nicht mehr, ihn interessiert nur noch Macht, und in seinen Augen liegt Gesetz, als er in seinen Beutel greift, eine Handvoll Asche herausholt und diese in das Gesicht des Mädchens wirft. »Der, an den du jetzt denkst, der, der dir das Wichtigste im Leben ist, wichtiger als der Respekt vor einem heiligen Mann, der soll dich auf der Stelle vergessen.«

Ganz dramatischer Schnitt. Der Prinz ist im Bild. Er liegt mit geschlossenen Augen auf seinem prachtvollen Bett, und vor ihm ist die Blase, und in der Blase ist das reizende Gesicht von Shakundala, und dann verdüstert sich die Blase, wird immer, immer düsterer, und dann sind nur noch graue, gasige Schwaden in der Traumblase.

Das große Vergessen.

An dieser Stelle läutete es zur Pause, und ich brauchte sie dringend.

Mann, dachte ich, wenn die Inder so spinnen können, dann kann ich das auch.

Ich hatte nämlich schon lange keinen Bock mehr auf die Realität, was das Schreiben anging. Das war der Einfluß von RamRam. *»Wenn du lügen willst, schreib Bücher.«* Ich fühlte plötzlich instinktiv, daß dieser Spruch, von hinten gelesen, genauso richtig ist, und ich stand da draußen vor dem Kino, rauchte, trank und redete und wußte bei alldem, daß ich nach der Pause nicht in den Film zurückgehen würde, denn ich hatte große Lust, selbst mal wieder was zu dichten. Ich wußte noch nicht ganz genau, was, aber es sollte schon mit unseren Erlebnissen auf dem heiligen Berg zu tun haben. Oder besser gesagt, mit den Dingen, die wir nicht erlebt hatten. Was mir gefehlt hatte da oben, das waren *Wunder,* richtige, echte, klar als *Wunder* zu erkennende *Wunder.* Ein *Wunder* zu beschreiben, darauf hatte ich jetzt Lust, und um darüber in Ruhe nachzudenken, schlug ich Mirta vor, mit mir in unser Lieblingscafé zu gehen, und aus demselben Grund bat ich Gopi darum, uns nun für einige Stunden allein zu lassen. Er akzeptierte das, und wir gingen.

Dann saßen wir in dem Coffeeshop, in dem wir nie zu zahlen brauchten, weil es dem Besitzer zur Ehre gereichte, uns als Stammgäste betrachten zu dürfen. Ich trank einige Chais, rauchte einige Zigaretten, aß eine Süßspeise, dann hatte ich das *Wunder.* Ich besprach mit Mirta meinen Plan, und sie war begeistert, und dann begann die zwei Tage währende Suche nach einer Schreibmaschine.

Unser Hotelboss empfahl mir, einen ihm bekannten Buchhalter danach zu fragen, aber der Deal klappte nicht, weil der Mann für jeden Abend, an dem ich mir seine Schreibmaschine ausleihen würde, 30 Rupien sehen wollte. Wenn ich etwas hasse, dann sind es das *Plusquamperfekt* und die *Geldgier,* und so suchte ich weiter. Ich setzte Gopi ein und den Coffeeshop-Besitzer, doch zum Schluß half mir doch wieder unsere gute alte Freundin Mohini, die ihren Mann dazu anstiftete, mir freien Zugang zu der einzigen Büromaschine der Betelnußkooperative zu beschaffen. Da saß ich dann etwas abseits von den anderen Buchhaltern direkt neben einem Fenster zur Straße, und vor mir stand auf einem soliden englischen Holztischchen eine indische Schreibmaschine. Ich hatte herrliches Licht, und hin und wieder schaute ein Bettler mit dem Sadhu-Trick zum Fenster herein, denn morgen sollte das große Fest beginnen, und die Straßen füllten sich mit dem fahrenden Volk der Händler, Gaukler und Taschendiebe. »Paßt auf eure Brieftaschen auf«, hatten unsere Freunde uns gewarnt, aber ich besaß sowieso nicht mehr allzu viele Rupien, und außerdem hatte ich längst nicht soviel Angst vor dieser Szene wie unsere indischen Freunde. Im Gegenteil, sie regte mich an.

Mehr als gutgelaunt haute ich nun auf die Tasten der Schreibmaschine und schoß mich mit dem blauen Laserstrahl der göttlichen Inspiration zurück auf den heiligen Berg. Ich schrieb die Geschichte noch mal neu, und zwar genau von jener Stelle an, an der ich mich von meinem Lieblings-Sadhu Kalidassa verabschieden wollte.

Ich saß also wieder gegen fünf Uhr morgens in seiner Hütte vor dem Feueraltar, und alles war, wie es war. Die Götterbilder von Kali und Ganesh, das flackernde Licht der Öllämpchen, die Räucherstäbchen, die magische Schwingung; alles war, wie es war, nur eine kleine Korrektur glaubte ich mir erlauben zu dürfen: Mirta fehlte. Sie lag nicht mit bei Kalidassa in der Hütte. Sie lag im Bett und pennte. Dieser Umstand erlaubte mir, mich von Kalidassa in einer anderen Weise zu verabschieden, als ich es wirklich getan hatte, eine Weise, die einem alten Tantra-Jogi einfach mehr gebührte. Ich bat ihn zum Abschied um ein *Wunder*. Darüber zeigte sich der Jogi hocherfreut, machte aber sogleich deutlich, daß nun er die Spielregeln bestimmen werde.

»Pusha, Asanas, Meditation«, sagte er, denn Kalidassa war ein klassischer Asket.

Dann nahm das *Wunder* seinen Lauf, und die letzte Etappe der Reise begann.

IM PALAST DER GLÄSERNEN SCHWÄNE

Kalidassa hielt mir eine Schale hin, auf der ein kleines Feuer brannte. Ich legte meine Hände über die Flamme und berührte meine Stirn. Danach zeichnete er mit Asche ein Mal zwischen meine Augen, blies kräftig in das Horn Shivas, und es konnte losgehen.

Wir gingen ins Freie.

Im Dschungel war es still. Das einzige, was man hörte, war ein kleiner Wasserfall in der Nähe. Vierundsechzig Quellen hatte der Berg. Die meisten vereinigten sich in diesem Wasserfall, der den Fluß speiste, in dem sich unten in der Tempelstadt die Pilger von ihren Sünden reinwuschen. Durch das große Dschungelfenster sah ich den Himmel. Er war noch übersät mit Sternenkristallen, aber er begann sich bereits rot zu färben. Die Sonne würde bald da sein. Wir setzten uns vor den Teich hinter Kalidassas Hütte und begannen mit den Asanas.

Wir fingen mit dem *Sonnenanbeter* an. Das sind sieben ineinanderfließende Übungen, die den Körper aufwecken. Dann stellte ich mich auf ein Bein, winkelte das andere an und hielt die Arme über den Kopf gestreckt. *Baum* heißt diese Stellung, und sie ist gut für den Gleichgewichtssinn. In Rishikesh, da wo der Ganges aus dem Himalaja tritt, soll es einen Fakir geben, der seit dreizehn Jahren Tag und Nacht so dasteht, und seine Arme sollen bereits Äste geworden sein.

Vom *Baum* ging ich in die *Kerze* über, dann kam der *Pflug*, eine Stellung, die eigentlich nur ein Nachspiel der *Kerze* ist. Die genau umgekehrte Stellung zum *Pflug* ist der *Fisch*. Diese Übung liebe ich besonders. Die Beine sind in der Lotosposition gekreuzt, und man biegt langsam den Rücken nach hinten, bis der Kopf mit der Stirn den Boden berührt. Das ist zuerst sehr anstrengend, aber immer, wenn man glaubt, jetzt reicht's, jetzt geht nichts mehr, entspannt man sich. Wahrscheinlich, weil man aufgegeben hat, mit der Kraft seiner Muskeln zu kämpfen. Immer dann kommt große Ruhe über mich, und ich beginne, mit der Stirn am Boden die Welt verdreht zu betrachten. Die Erde ist oben, der Himmel unten.

So sah ich an diesem Morgen die grünen Pflanzen des Dschungels, ich sah einen schreiendbunten Tausendfüßler mit tausend Füßen nach oben an mir vorbeikrabbeln und tausend Mücken auf dem Rücken über den Lotosteich düsen.

Dann sah ich den Tiger.

Er war lautlos aus dem Busch gekommen, um an dem Teich zu trinken. Er kommt jeden Morgen, hatte uns der Jogi erzählt, aber ich hatte es vergessen oder wohl auch nicht ganz ernst genommen, und nun starrte er mir aus fünfzig Zentimeter Entfernung in die Augen, und es war kein Gitter zwischen mir und ihm. Ich wagte mich nicht mehr zu rühren, ich wagte nicht einmal mehr zu atmen.

Was dann geschah, kann ich mir nur jogatechnisch erklären.

Es gibt eine Übung, Pranajana wird sie genannt, die gehört zu dem Kraftvollsten, was sich die Jogis jemals ausgedacht haben. Eigentlich sitzt man dabei in der Lotosposition mit geradem Rücken und erhobenem Haupt. Man schließt mit dem Daumen eines seiner Nasenlöcher und atmet durch das andere tief ein. Man hält die Luft an, schließt die Augen bis auf einen kleinen Schlitz und schielt auf die Nasenspitze. Das stoppt die Gedanken auf der Stelle. Solange die Luft im Kopf bleibt, ist es, als säße man in einem Eisschrank irgendwo über der Welt. Man vergißt jedes Gefühl, jeden Wunsch, überhaupt jede Regung des Herzens.

Die meisten westlichen Joga-Schüler praktizieren die Technik höchstens eine Minute lang, weil das ausreicht, um Speed für einen ganzen Tag zu bekommen (nebenbei soll es ausgesprochen gut gegen Schnupfen und Erkältungen sein). In Indien aber gibt es Leute, die die Luft fünfzehn Minuten, eine halbe Stunde oder sogar länger anhalten. Was dann geschieht, davon werden die wunderlichsten Geschichten erzählt. Die Sache ist aber nicht ganz ungefährlich, und es gibt nur wenige starke Jogis, die mit einem extremen Pranajana umgehen können.

Die Stellung, in der ich mich befand, als der Tiger kam, war zwar nicht die klassische Pranajana-Lotosposition, sondern der *Fisch*. Aber der Anblick der Riesenkatze hatte mir den Atem gestoppt, und so saß ich bereits fünf Minuten mit der Stirn am Boden, ohne ausgeatmet zu haben, und schaute in die Augen des Tigers. Das Pranajana erwies sich als mächtig genug, mir die Angst zu nehmen. Nicht, daß ich sie nicht hätte sehen können. Sie stand vor mir, die Angst, wie ein grauer Nebel, der auf seine Chance wartet. Hätte ich geatmet, er wäre durch die Nase in mein Gehirn gezogen, hätte Panik und Schrecken im Organismus verbreitet, und die ganze Angelegenheit wäre wahrscheinlich sehr unangenehm ausgegangen.

So aber fühlte ich nur eine ständig wachsende Ruhe im Kopf und begann, die Dinge zu verstehen. Ich verstand plötzlich, warum Kalidassa hier seit sechs Jahren unter Tigern und Giftschlangen leben konnte, ohne von ihnen belästigt zu werden. Ich verstand plötzlich die Worte eines alten Freundes, der gesagt hatte: »*Tiger is in you, we create tiger.*«

Das stimmt auch umgekehrt. Wir können den Tiger auch in uns töten, und dann ist er einfach nicht mehr da. Oder besser: Wir sind nicht mehr da. Er sieht uns und sieht uns nicht, denn da ist keine Regung, kein Geruch, kein Schweiß, nicht einmal ein Gedanke, der ihm Unsicherheit und Angst signalisieren könnte. Der Tiger erhält keine Reaktion auf sich, und das nimmt ihm die Existenz. Ohne Beutetier kein Raubtier, ohne Opfer kein Mörder, ohne Verlierer kein Gewinner. Das waren so ungefähr die Gedanken der ersten atemlosen Minuten. Dann fiel ich in Halluzinationen.

Ich hatte die ganze Zeit ununterbrochen in die Augen des Tigers gesehen, und plötzlich sah ich in seinen grüngelben Pupillen kunstvolle Mandalas, die sich fortwährend veränderten. Runde, sternförmige, kristallzackige Mandalas. Muster und Farben flossen wie in einem Kaleidoskop ineinander, und je tiefer ich in das Zentrum dieser rotierenden Bilder schaute, desto schneller flossen die Geraden, Bögen und Kreise, die Dreiecke und fünfzackigen Kristalle, und dann lösten sich die Strukturen vollends auf, und es war, als ob sich in allen Farben schillernde Flüsse in ein schwarzes Loch stürzten, und ich stürzte mit ihnen, sah nichts mehr, hörte nichts mehr, fühlte nichts mehr und brach mit diesem psychedelischen Wasserfall hinein in eine andere Welt.

Gut, daß ich schwimmen kann, dachte ich noch, denn ich tauchte in einem Teich auf, der voller Lotosblüten war. Am Ufer sah ich Krishna sitzen, den blauhäutigen Gott. Licht sprudelte aus seiner Krone, und er hielt sich den blauen Bauch vor Lachen, als er mich erblickte. Ich muß unbeschreiblich dumm ausgesehen haben mit dieser Lotosblume auf dem Kopf, deren Blätter sich wie eine Schlafmütze über meine Ohren legten. Neben Krishna stand ein wunderschöner Tiger. Jedes einzelne Haar in seinem Fell war ein Vermögen wert. Feingearbeitete goldene Seide war es, und wenn er seinen Schweif bewegte, ertönte Musik. So wunderbar war alles, daß ich zu weinen begann. Da schaute mich der Tiger mit seinen großen, ernsten Augen an und sagte in der Sprache der Menschen: »Auch diese Welt ist nur ein Wahn.«

Im selben Augenblick kam ich zurück. Die Phase der Halluzinationen war vorbei. Am Wasser saß nicht Krishna, sondern Kalidassa, mein Lieblings-Sadhu. Der Tiger vor mir konnte nicht sprechen, weder englisch noch Hindi, und ich schwamm auch nicht in dem Teich mit einer Lotosblume auf dem Kopf, sondern lag mit der Stirn am Boden und hielt immer noch den Atem an.

Einen Herzschlag lang wollte mich Traurigkeit übermannen. Die Vision war zu schön gewesen. Aber das nächste Ding kam sofort. Ich hatte nun wohl bereits eine halbe Stunde nicht mehr geatmet und damit die magische Grenze des Pranajana überschritten. Ich fühlte mich higher als nach den letzten zwanzig Joints und hätte den Rest meines Lebens in die Augen dieses Tigers sehen können. Aber plötzlich sah ich sie nicht mehr. Ich sah den Tiger überhaupt nicht mehr. Ich sah Blätter und Äste, und ganz in der Nähe sah ich einen Affen an der Liane hängen, und dann wurde mir klar, was los war. Ich schwebte mit gebogenem Rückgrat und der Stirn nach unten langsam aus dem Dschungel in die Lüfte. Und der Tiger stand verloren am Lotosteich und bestaunte das Wunder der Levitation, und er schaute und schaute, bis der Morgen den Himmel endlich ganz rot gefärbt hatte. Weit über das Land konnte ich nun schauen und tief in den Himmel. Venus beherrschte ihn als hellerleuchteter Morgenstern, Jupiter und die abnehmende Mondsichel standen im Osten, Saturn und Mars verblaßten am Zenit. Den Stern, den ich im Süden sah, kannte ich nicht. Es schien mir aber, daß es sich um einen besonderen Stern handelte, denn er funkelte direkt auf mich zu. Er wurde immer größer, kam immer näher, und dann erkannte ich, daß der Stern kein Stern war, sondern schon wieder ein Tiger. Dieses Mal aber einer aus Glas.

»*Namasté*«, sagte ich, als er neben mir war, »ich hatte eigentlich mit einem Schwan gerechnet.«

Der gläserne Tiger grinste. »Quatsch nicht, Cowboy, sonst stürzt du ab. Steig auf, wir müssen reiten.«

»Und wohin geht der Ritt, Tiger?«

»Zur Erfüllung deines Tarots.«

Endlich mal einer mit 'ner guten Idee, dachte ich, dann fiel mir Mirta ein.

»Ich will meine Braut mitnehmen, ohne die reise ich nirgendwo mehr hin.«

»Meinetwegen, Cowboy. Muß jeder selbst wissen, was er tut. Wo ist die Braut?«

»Etwa achtzig Meilen nordöstlich von hier und sieben Tage in der Zukunft.«

»Kein Problem«, knurrte der Tiger, »da sind wir gleich.«

Dann legten wir los. Die gläsernen Haare des Tigers reflektierten die Strahlen der Morgensonne und warfen das Licht wie bunte Pfeile auf die Täler und Berge Karnatakas, auf die Dörfer und Wege, auf die Flüsse, Wälder, Menschen und Schafherden, die wir in großer Höhe überflogen, und innerhalb von nur einer halben Stunde ging siebenmal die Sonne auf. Das ist es, was ich »anders reisen« nenne, dachte ich, und dann waren wir schon über den Dächern von Ragas, und der Tiger landete so geschickt hinter dem »Rama Krishna Hotel«, daß außer Pumi uns niemand sah.

Pumi heißt wahrscheinlich ganz anders, aber Mirta liebte diesen kleinen, rundum rundlichen Hotelboy über alle vernünftigen Maßen und hatte ihn deshalb Pumi getauft. Pumi war so etwa sechs Jahre alt, seine Eltern waren tot, und der Chef vom »Rama Krishna Hotel« hatte ihn als *servant* aufgenommen. »Kinderarbeit«, müßte man jetzt als europäischer Journalist schreiben, aber Pumi hatte es wirklich gut. Er würde nie zur Schule gehen, und die kleine Welt des Hotels gab ihm alles, was ein Inder in seinem Alter sich wünschen kann. Gut und viel zu essen, einen sicheren Platz zum Schlafen und jeden Tag neue Gäste, an denen er seine kindliche Neugierde befriedigen konnte. Pumi war ein durch und durch gutmütiger, liebenswerter kleiner Junge, und seine Augen waren wie Blumen aus dem Garten der Seele.

Er war der einzige, der uns herunterkommen sah, und das störte den gläsernen Tiger überhaupt nicht. »Den kenne ich, Cowboy, dem wird hier niemand glauben. Aber du mußt dich jetzt beeilen. Wenn der Laden hier erst richtig voll ist, wird es schwierig werden, unbemerkt davonzufliegen. Und ich hab's nicht gern, wenn ich gesehen werde. Kinder, Narren und Dichter sind o. k., aber die Blicke von Ungläubigen machen mich fertig. Die stürzen mich in tiefste Depressionen. Also, hol deine Braut, so schnell es geht, denn heute abend beginnt das Fest, und bereits in einer Stunde wird die Stadt rappelvoll sein. Ich leg mich solange unter diesen Ochsenkarren und wart auf dich. *So long*, Cowboy.«

Der Tiger verschwand unter der mit schweren Säcken beladenen Karre, und nichts mehr war von ihm zu sehen.

Als ich unser Zimmer betrat, lag Mirta noch schlafend im Bett. Ich wollte sie mit einem sanften Kuß wecken, aber heutzutage ist das nicht mehr so einfach wie zu Dornröschens Zeiten. Die Frauen sind anspruchsvoller geworden. Ich schob also behutsam die Decke beiseite und griff mir ihre festen braunen Brüste, beugte mich runter zu ihnen und begann zärtlich, aber bestimmt ihre Brustwarzen zu küssen. Prompt schoß Leben in sie hinein, und ich fühlte sie steif und rund zwischen meinen Lippen beben, aber aufwachen wollte Mirta immer noch nicht. Also schob ich die Decke noch ein wenig mehr beiseite und küßte mich langsam abwärts. »Hol sie, so schnell es geht, Cowboy«, sagte der Tiger in mir, und dann wachte Mirta endlich auf.

»Hallo, was ist denn das?«, stöhnte sie.

»Ein Tantra-Jogi, der es eilig hat«, antwortete ich, und während meine Finger das schöne Spiel in ihr fortsetzten, erzählte ich meiner Braut die ganze Geschichte, angefangen mit dem Moment, da ich in Kalidassas Hütte saß, um mich von ihm zu verabschieden. Mirta war begeistert. »Das ist gut, mein Lieber, oh, so gut. Mach weiter damit. Ah, mach weiter.« – »Natürlich mache ich weiter«, antwortete ich. »Draußen liegt der Tiger unterm Ochsenkarren und wartet auf uns. Er hat's verdammt eilig. Also, kommst du jetzt, oder kommst du nicht?«

Sie kam, und der Rest war Routine.

Während Mirta unsere Sachen packte, bezahlte ich beim Hotelchef die Rechnung. Er konnte es nicht verstehen, daß wir vor dem großen Fest Ragas verlassen wollten, aber ich sagte ihm, das habe was mit Karma zu tun. Dann gingen wir schnellen Schrittes durch die Stadt in Richtung Betelnußkooperative, um uns von Mohini und Krishna Murti zu verabschieden. Auch sie wollten nicht verstehen, doch Mohini schaffte es immerhin, uns ein Frühstück aufzuschwatzen. Die Mahlzeit zog sich hin, und da unser liebster Coffeeshop nicht weit von der Betelnußkooperative lag, sagten wir auch dort Lebewohl, und dann gingen wir ein letztes Mal zu meinem Barbier. Alles in allem waren zwei Stunden vergangen, als wir zum »Rama Krishna Hotel« zurückkamen. Der Tiger war stinksauer.

»Cowboy«, knurrte er, »so geht das nicht weiter.«

Ich sah dieses höchst merkwürdige Tier nicht, denn es lag noch immer unter dem Ochsenkarren, und ich wollte mich nicht zu ihm hinunterbücken, denn im Hotel und auf dem Hof war inzwischen zuviel los. Jede Menge Gäste. Pilger, Priester, Sanskritsänger, ein Schlangenbeschwörer mit Turban, ein Handleser, sogar drei Polizisten aus der fernen Provinzhauptstadt waren angereist. Das Fest würde heute abend beginnen. Dann würde man die rotgesichtige Pockengöttin die ganze

Nacht lang durch die Straßen von Ragas führen. Deshalb hatten sie die Stadt schließlich saubergemacht. Etwa dreißigtausend Menschen waren gekommen. Die Stadt war voll, das Hotel war voll, und man konnte fast hundertprozentig davon ausgehen, daß wir nicht ungesehen würden davonfliegen können.

Der Tiger hatte recht, ich hätte mich nicht verspäten sollen. Ich murmelte ein paar Worte der Entschuldigung.

»Scheiße, Cowboy, mach dir nichts draus«, brummte der Tiger zurück. »Ich hab's immer nur mit solchen Freaks zu tun. Weiß auch nicht, warum. Aber deine Braut hat hübsche Beine. Laß sie doch mal unter den Ochsenkarren kommen, damit ich sie mir anschauen kann.«

»Hör zu, Tiger, das ist jetzt zu gefährlich. Da schauen zu viele Leute zu, und die werden sich wundern, wenn Mirta jetzt unter den Ochsenwagen krabbelt. Du weißt, wie die Leute sind. Die kommen sofort und gucken zu. Da sind die geil drauf, Tiger, die meisten von deinen Landsleuten haben 'ne reichlich verkorkste Sexualität.«

»Ungläubige«, knurrte der Tiger, »zu viele Ungläubige. Du hast recht, Cowboy, die Gefahr, entdeckt zu werden, ist groß. Selbst hier, unter dem Karren. Da hast du mich in eine ganz schöne Scheiße hineingeritten, Cowboy, aber das bin ich ja gewohnt, dafür bin ich anscheinend da. Weißt du, wie man mich nennt, hier in Indien? Ich bin der Tiger, der aus der Scheiße fliegt. Was sagst du nun?«

»Schöner Name. Kann man den auch abkürzen?«

»Kann man, Cowboy. Da haben wir eine ganz einfache Sanskritformel. Wirst du dir bestimmt gut merken können. Wenn du auch sonst nicht gerade viel merkst. Klingt sogar noch schön. Kannst du es dir schon denken?«

»Nein, Tiger, ich kann kein Sanskrit.«

»Gut, Cowboy, dann wirst du Sanskrit lernen müssen, wenn du meinen Namen erfahren willst. Ich werde dir nicht sagen, wie ich heiße. Aber ich werde dir sagen, was wir jetzt machen. Wir warten bis zum Abend, und wenn es richtig schön dunkel ist und das ganze Volk hinter der Pockengöttin herläuft und niemand mehr im Hotel ist außer uns, dann heben wir ab. Dann geht es auf die Reise, Cowboy. Dann fängt der Spaß an. Und ich werde die Zeit bis dahin auch nicht mehr unter dem Ochsenwagen liegen können, und es wird mir nichts anderes übrigbleiben, als mich mal wieder für ein paar Stunden zu verwandeln.«

Der Tiger überraschte mich immer wieder. Ich steckte mir langsam eine Gold Flake an und inhalierte ein paarmal tief und nachdenklich. »Willst du damit sagen, daß du dich in einen Menschen verwandeln kannst, mein Freund? Ist es so? Hast du auch eine menschliche Gestalt?«

»Ausgezeichnet. Du bist von selbst draufgekommen. Aber ich kann dir sagen, gern mache ich so was nicht. Als Mensch leidet man zuviel.«

»Ram-Ram!«, schrie ich, und mir wollte vor Glück das Herz zerspringen, und da klirrte es auch schon, und er kroch unter dem Ochsenkarren hervor. Weiß waren seine Haare, weiß war sein Gewand, weiß war seine Aura, und vor seinen Füßen auf dem Hof des »Rama Krishna Hotels« funkelten tausend gläserne Schwäne.

»Glückwunsch, Cowboy, du hast es geschafft.«

Ende

Sex & Drugs & Journalismus – ein Leben der Extreme

Helge Timmerberg
Die rote Olivetti
Mein ziemlich wildes Leben
zwischen Bielefeld, Havanna
und dem Himalaja

Piper, 240 Seiten
€ 20,00 [D], € 20,60 [A]*
ISBN 978-3-492-05755-4

»Ich ging über das Dach der Welt, und unter mir lag mein Leben. 49 Jahre, also sieben mal sieben. Ich sah meine Kindheit, meine Schulzeit, meine Jugend, ich sah mich als jungen Mann, als erwachsenen Mann, als richtigen Mann und als den Mann der letzten sieben Jahre. Ich sah meine Schwächen und meine Stärken, die Sünden und die Tugenden, die guten und die bösen Taten. Ich sah die Drachenrücken des Himalaja unter einem ungewöhnlich nahen Himmel, und synchron dazu sah ich auf den Weg meiner Seele. Und die Frage war: Was ist aus ihr geworden, was ist aus mir geworden in diesen 49 Jahren?« *Helge Timmerberg*

PIPER

Leseproben, E-Books und mehr unter www.piper.de

»Fantastisch und humorvoll.«

Dresdner Morgenpost

Hier reinlesen!

Helge Timmerberg
Die Märchentante, der Sultan, mein Harem und ich

Malik, 256 Seiten
€ 19,99 [D], € 20,60 [A]*
ISBN 978-3-89029-774-3

Lose Seiten eines Märchens, genannt »Die Perlenkarawane«: Seit einer Berliner Winternacht vor über dreißig Jahren ist Helge Timmerberg davon fasziniert – und von der Frau, die es aufschrieb: Elsa Sophia von Kamphoevener. Als Mann verkleidet hatte sie an türkischen Lagerfeuern die besten Legenden gesammelt. Die Suche nach der Kunst des Geschichtenerzählens führt Helge Timmerberg auf einer jahrzehntelangen Reise in Basare und Kaffeehäuser, nach Ägypten, Istanbul und nach Marrakesch.

Leseproben, E-Books und mehr unter www.malik.de

MALIK